포스트콜로니얼

식민지적 무의식과 식민주의적 의식

POSTCOLONIAL
by
Yoichi Komori

Copyright ⓒ 2001 by Yoichi Komori
First published in Japanese in 2001 by Iwanami Shoten, Publishers, Tokyo.

Korean edition was published in 2001 by Samin Books, Co., Seoul.
by arrangement with the author
C/O Iwanami Shoten, Publishers, Tokyo.

이 책의 한국어판 저작권은 저작권자와 독점 계약한 (주)도서출판 삼인에 있습니다.
저작권법에 의해 한국 내에서 보호를 받는 저작물이므로
무단 전재와 무단 복제를 금합니다.

포스트콜로니얼
식민지적 무의식과 식민주의적 의식

2002년 7월 10일 초판 1쇄 펴냄
2012년 9월 25일 초판 4쇄 펴냄

펴낸곳 (주)도서출판 삼인

지은이 고모리 요이치(小森陽一)
옮긴이 송태욱
펴낸이 신길순
부사장 홍승권
편집 김종진 김하얀
마케팅 한광영
미술제작 강미혜
총무 정상희

등록 1996.9.16. 제10-1338호
주소 121-837 서울시 서대문구 연희동 220-55 북산빌딩 1층
   (서울시 서대문구 성산로 312)
전화 (02) 322-1845
팩스 (02) 322-1846
전자우편 saminbooks@naver.com

표지디자인 (주)ㄲ레어소시에이츠
출력 문형사
인쇄 대정인쇄
제본 성문제책

ⓒ 小森陽一, 2002

ISBN 89-87519-70-8 04300

값 10,000원

포스트콜로니얼

식민지적 무의식과 식민주의적 의식

고모리 요이치 지음 | 송태욱 옮김

삼인

한국어판 서문

『포스트콜로니얼』을 나의 첫 한국어판 책으로서 한국의 독자 여러분께 소개하게 되어 말할 수 없이 기쁩니다.

이 책은 2000년부터 2001년에 걸쳐 쓰여졌습니다. 일본에서 역사 인식과 기억의 문제가 가장 첨예하게 제기되었던 시기입니다. '새로운 역사 교과서를 만드는 모임'(新しい歷史敎科書をつくる會)의 '역사' 교과서와 '공민'(公民) 교과서가 문부성의 검정에 걸렸고, 그 내용 중 일부가 신문에 보도되어 한국이나 중국에서도 이 교과서에 대한 비판의 목소리가 강력하게 나왔을 때 저는 이 책『포스트콜로니얼』을 쓰기 시작했습니다.

대원수(大元帥) 천황의 책임하에서 행해진 근대 일본의 침략 전쟁과 식민지 지배를 미화하고 또 정당화하려는 현대 일본의 네오내셔널리즘과의 싸움 속에서 저는 이 책의 집필을 진행시켜 나아갔습니다. 결과적으로 이 책 안에서 거론한 역사상의 사건은 현재 일본의 중학교 역사 교과서에 기재된 것과 모두 겹칩니다. 왜냐하면 가장 대중적으로 유포된 역사상의 사건에 대한 인식을 포스트콜로니얼한 관점에서 바꾸지 않으면 안 된다는 생각이, 이 책의 집필 과정에서 강해져 갔기 때문입니다.

저의 전공은 일본 근대 문학입니다. 그러한 의미에서 저에게『포스트콜로니얼』은 처음으로 역사 서술에 도전한 책이라고 할 수 있습니다. 하지만 이 책에서 하나의 기둥이 된, 구미 열강의 논리에 기초한 '자기 식민지화'에 의한 '식민지적 무의식'과 아시아의 주변 지역에 대한 지나칠 정도의 '식민주의적 의식'이라는 이중 구조가, 일본 근대 문학의 중심 문제 중의 하나인 일본형(日本型)의 '근대적 자아' 구조를 비판적으로 분명히 한 것이라고 다시 파악한다면, 이 책은 극히 문학적인 과제에 도전한 책이라고도 할 수 있습니다.

이 책의 원고를 끝내고 나서, 저는 이노우에 히사시(井上ひさし) 씨, 오에 겐자부로(大江健三郎) 씨와 함께 '새로운 역사 교과서를 만드는 모임'의 교과서를 비판하는 성명을 발표했고, 검정에 합격한 교과서를 채택하지 않도록 하기 위해 일본 전역에 걸쳐 수십 군데에서 강연을 했습니다. 그러한 싸움 속에서 이 책은 일본의 독자들에게 읽혀졌습니다.

저자인 저에게 가장 기뻤던 반응 가운데 하나는 재일조선인 작가 김석범(金石範) 씨의 말이었습니다. 일관되게 제주도 4·3 항쟁에 대한 소설을 써온 김석범 씨는 『포스트콜로니얼』에 대해 "전쟁과 식민지 지배에 대한 일본 지식인의 자기 비판서"라고 평가해 주셨습니다. 그 말이 나온 현장에서 들었던 박유하 씨가 한국어판 출판의 중개 역할을 해준 것도 저한테는 매우 감동적인 사건입니다. 마지막으로 출판을 허락해 주신 도서출판 삼인과 번역자인 송태욱 씨에게 진심으로 감사드립니다.

2002년 6월 5일
고모리 요이치

차례

한국어판 서문 4
머리말 7

개국 전후의 식민지적 무의식
대륙·반도·열도의 지정학 17
'문명 개화'와 식민지적 무의식 28
'탈아론'적 식민주의의 형성 42

식민지적 무의식에 대한 대항 담론
'회전'과 '소회전' 64
러일전쟁과 식민주의 71
조선의 식민지화와 『문』 76
식민주의와 '낭만주의' 88

패전 후의 식민지적 무의식
상징 천황제와 식민지적 무의식 95
전후의 '문명'과 '야만' 110
식민주의와 전쟁 책임 124

참고 문헌 144
후기 151
해제 | 박유하 154
옮긴이 말 165

머리말

이 책의 제목이 왜 『포스트콜로니얼리즘』도 아니고 『포스트콜로니얼 연구』도 아닌 것일까?

물론 당초 편집부측과 논의하면서 그런 제목을 달자는 안이 나오기도 했다. 그러나 어느 것이나 2001년이라는 현시점에서는 극히 한정된 영역을 가리키는 개념이라는 사실을 인정하지 않을 수 없었다. '포스트콜로니얼리즘'이나 '포스트콜로니얼 연구'라는 용어는 주로 영어권에서 1970년대 후반부터 1990년대에 걸쳐 급속하게 하나의 연구 영역을 형성하게 된 일련의 담론, 즉 어떤 역사적 시점으로부터 유럽이라는 극히 한정된 지역에 거주하는 사람들이, 그들 스스로가 만들어낸 권력 아래서 다른 지역에 대한 영토적 침략과 정복을 행한 이후의 문제들을 비판적으로 분석하는 연구 동향을 가리키는 개념으로 유통되었다.

이러한 연구 동향의 특징은 유럽 식민주의의 제도들, 특히 제국주의 시대의 지배가 피지배 지역 사회에 어떠한 충격을 주었는가를 분석하는 데 있었다. 그 중에서도 제국주의에 의한 담론 조작에 초점을 맞춰 식민주의적 담론(colonial discourse)—세계를 문명과 야만, 정복자와 현지인, 식민자와 비식민자, 주인과 노예, 선진과 후진, 진보와 정체, 중심과 주변, 진짜와 가

짜 등으로 양분하고, 그러한 일련의 이항 대립주의(binarism)적 쌍 개념을 참과 거짓, 성과 속, 선과 악이라는 초월적 이항(二項)을 정점으로 하는 위계 질서(Hierarchie) 안에 봉인하는 언어 시스템—안에서 구성되는 주체(subject)와 그것에 반항하고 저항하며 대항하는 주체 쌍방을 분석하는 데에 전략적 역점이 두어졌다.

특히 두 개념에 공유되고 있는 '포스트'라는 접두어는, 예전에 식민지 지배를 받았던 지역이 종주국으로부터 독립하기 전과 후를 분할하는 역사적 경계를 명시하고 있다. 그런 까닭에 이 '포스트'라는 접두어를 둘러싸고 격렬한 논쟁이 전개되어 왔다. 어떤 지역이 옛 종주국에 의한 식민지 지배로부터 독립했다고 해서 식민지 시대의 온갖 부정적인 유산이나 유제(遺制)가 불식되는 일이 결코 없을 뿐더러 식민주의가 끝난 것도 아니라는 점에서 '포스트'라는 접두어는 구식민지가 독립한 후에도 세계를 지배하고 있는 세력에 의한 신식민주의(neocolonialism)적 현실을 은폐하고 있다는 비판도 제출되었다.

그러한 논쟁에 입각하면서 문학을 비롯한 표상 예술의 연구 영역에서 예전에 식민지 지배를 받았던 지역과 공동체 사회 속에서 산출된 다양한 표현에 착목, 식민지 시대의 상흔이나 유제가 거기에 어떻게 각인되었고 또 그것들에 대해 어떠한 비판이 이루어지고 있는가가 적극적으로 문제화되었다. 이러한 동향은 포스트콜로니얼 비판이라고도 할 만한 영역을 형성했다. 거기에서는 첫째로, 어떤 특정한 지역이나 공동체 안에서 산출된 포스트콜로니얼한 텍스트를 분석하고 해독하는 과정 속에서 그 지역 고유의 식민지 지배와 그후의 역사적 · 정치적 · 사회적 · 경제적 · 문화적 컨텍스트와의 관련성을 밝히고, 동시에 그 지역의 특수성으로 환원하지 않고 포스트콜로니얼한 상황 전체로 열어가려는 시도가 실천되었다.

둘째로, 비평가나 연구자 자신이 현재 진행형으로 살고 있는 포스트콜로니얼한 역사 과정과 사회 속에서 정전화(canonize)된 기존의 텍스트를, 당시까지의 표현 양식이나 레토릭을 철저하게 재편성함으로써, 권위가 부여된 정전적 텍스트를 포스트콜로니얼한 정치 상황과 관련된 형태로 다시 읽어 나아가는 방향이 있다. 이러한 다시 읽기야말로, 그 자체로서 보편적 가치를 내재하고 있는 것처럼 가장해 온 '문학'이나 '예술', '미'라는 개념이 식민주의적 담론의 변동 속에서 인공적으로 날조된 것이라는 것을 폭로하는 포스트콜로니얼한 실천인 것이다.

지금까지 말한 것에서 알 수 있듯이 이 책을 『포스트콜로니얼』이라고 명명한 것은, 현재의 우리들이 스스로의 실천으로서 식민주의와 그 유제를 비판하는 행위를 실제로 수행해 나아가는 데서는 '포스트콜로니얼'이라는 형용사를 피수식어로부터 분리하는 편이 전략적 가치가 있다고 판단했기 때문이다.

물론 이러한 전략을 취한 이상, '포스트콜로니얼'이라는 수식어 뒤에 피수식어로서 어떤 명사가 붙는다고 해도 그것에 대해 논하고 비평한다는 책임=응답성을 받아들일 각오를 하지 않으면 안 된다. 대상이 포스트콜로니얼한 공간이나 포스트콜로니얼한 시간이라는 대명제라고 해도, 포스트콜로니얼한 밥그릇이나 포스트콜로니얼한 튀김이라는 소명제라고 해도, 그 각오는 질적으로 변함이 없다. 농담이 아니다. 도기나 자기의 이동, 생산 기술의 전파, 그 소유와 권력의 관계는 천 년 단위의 '세계' 편성 과정을 밝혀 줄 것이고, 오늘 먹은 튀김의 밀가루가 어디서 어떻게 생산되었고 내용물인 새우가 '세계'의 어떤 지역에서 포획되었는지는 음식물을 둘러싼 신식민주의적(neocolonialistic) 착취와 수탈의 양상을 드러내줄 것이다.

이러한 포스트콜로니얼 이론이 구축되는 데 결정적으로 중요한 계기가 된 책은 사이드(Edward W. Said)의 『오리엔탈리즘』(1978)[1]일 것이다. 유

---

1) 이 책의 번역본은 에드워드 사이드, 『오리엔탈리즘』, 박홍규 옮김 (교보문고, 2000)—옮긴이.

럽에서 형성된 역사학, 언어학, 문헌학이라는 19세기적 지(知)의 담론은 항상 서양(Occident)과 동양(Orient)을 대비시키면서 학문적인 담론 체계를 형성해 왔다. 동양이라는 타자를 둘러싼 치밀한 분석과 기술을 가능하게 하는 담론 체계를 창출함으로써, 타자로서의 동양의 문화적 이질성을 거울로 삼아 서양이라는 유럽 사람들의 자기상(自己像)이 구성되어 왔다. 그리고 동양에 대한 상세한 논의를 쌓아 나아감으로써 유럽 사람들은 그것과는 이질적인 서양을 권위화하고 동양을 지배하고 교도(教導)하며 서양적(Occidental)인 가치관이나 세계관에 의해 '세계'를 조작하는 주체를 편성해 온 것이다.

담론을 둘러싼 푸코(Michell Foucault)의 이론에 입각한 사이드의 논의는, 이항 대립주의적 구도 속에서 서양과 동양을 대비시키는 학문적 담론이 그것을 배우고 익힌 사람들에 의해 수없이 반복되고 결국에는 그들 자신에 의해 재생산되어 굉장히 강고한 이원론적 틀을 형성했다는 사실을 밝히고 있다. 자신의 담론이 지적 담론으로 인증되기 위해서는 반복 재생산되어 온 오리엔탈리즘 담론의 틀 안으로 들어가, 그 속에서 주체화=예속화해 가지 않으면 안 된다.

따라서 동양이란 실체적인 무언가가 아니라 몇 세대에 걸친 지식인, 학자, 정치가, 평론가, 작가라는 오리엔탈리즘에 꿰뚫린 사람들이 반복 재생산한 표상=대리 표출(representation)에 의해 구성된 현상에 지나지 않는다. 그리고 19세기 후반에는 동양으로 에워싸인 사람들 자신이 서양으로부터 동일한 담론을 추출함과 동시에 서양과 동양이라는 지정학적 구도가 실체화되고 말았던 것이다.

그 가운데서 '우리'와 '그들'이라는 이분법이 인종주의나 '민족' 주의 혹은 사상적임과 동시에 기분·감정적인 내셔널리즘의 온상이 되어가는 것이다.

'우리'를 비추기 위한 거울로서의 '그들'의 표상적 구축. 당연히 이 논의는 라캉(Jacques Lacan)의 '거울 단계'와 타자를 둘러싼 논리를 불러들이게 된다.

유아가 거울 속에서 찾아내는 시각적 상을 자기상이라고 인지하기 직전 단계까지의 거울상은 유아의 신체나 표정의 움직임을 반복하기 때문에, '소문자 타자'는 유아로서는 예측 가능한 행동밖에 하지 않고 그것이 '소문자 타자'를 지배할 수 있다는 환상을 낳는다. 이 구도를 비유적으로 식민주의적 지배와 피지배 관계로 이동시키면, '소문자 타자'를 식민지화된 지역의 주변화된 타자와 겹칠 수 있다.

그것에 비해 라캉이 말하는 '대문자 타자', 즉 담론을 중심으로 한 기호적 세계로서의 '상징계'를 통괄하는 '상징적 타자'는, 비유적으로 말하자면 식민지를 지배하는 제국주의 담론을 담당하는 중심이며 관념으로서의 제국 자체가 된다. 이 제국주의적 중심(실체로서는 어디에도 없다)은 식민지화된 지역의 사람들로서는, 한편으로 결코 동일화될 수 없음에도 계속해서 동일화를 지향하지 않으면 안 되는 타자로서 기능하고, 또 한편으로는 세계를 인식하기 위한 기준점이 되어 모든 이데올로기적 담론 변동의 요점이 된다. 따라서 피식민지적 주체는 이 제국주의적 타자의 감시와 응시의 시선에 구석구석까지 노출되고 또 꿰뚫리게 된다.

호미 바바(Homi Bhabha)는 이러한 식민자와 피식민자, 식민지 지배자와 식민지의 피지배자 사이에 현상하는 거울 관계를 전략적으로 양가적(ambivalent) 관계로서 다시 파악했다.(「흉내와 인간―식민지적 담론의 양가성」, 1984) 즉 식민지의 피지배자는 제국의 중심에 존재한다고 상상된 진정한 지배자의 상을 계속해서 흉내 내지 않으면 안 된다. 그러나 결코 그 상과 동일화할 수는 없다. 호미 바바는 프란츠 파농(Frantz Fanon)이 제기한 이틀(『검은 피부 하얀 가면』, 1952)[2]을 다시 짠 하나의 행위인 '흉내와 모방'을,

그리고 고지식하게 진정성(authenticity)을 꾀하는 '적절한 모방'(mimicry)과 행위의 주체가 의식하고 있는지 어떤지는 별도로 하고 결과적으로 비웃음이나 얼버무림이라는 역설적인 혼란을 낳는 '부적절한 모방'(mockery, 비웃음이나 조소를 내재시킨 흉내)이라는 상호 모순된 측면이 동시에 작동한다는 사실을 분명히 했던 것이다.

이러한 양가성, 좀더 정확히 말하자면 상반되고 모순된 힘이 동시에 하나의 사상(事象)이나 행위에 작용하는 상태를 굳이 계속해서 찾아냄으로써 확고한 이항 대립주의의 틀을 구축한 제국주의적 담론을 전복하고 교란할 수 있게 된다.

나아가 호미 바바의 논의에서 중요한 것은, 이러한 양가성에 드러나 있는 것은 식민지의 피지배자만이 아니라 식민지 지배자 자신도 그러한 분열된 모순 가운데 휩쓸려 있다는 논점이다. 앞에서 말한 라캉의 이론과 관련해서 말하자면, '소문자 타자'가 주변화된 식민지의 피지배자이고, '대문자 타자'가 중심화된 식민지의 지배자라는 이분법이 반전될 가능성이 있다는 것이다. 물론 양자의 관계는 근원적으로 또 어디까지나 비대칭적이지만, 전위(轉位)와 역전위의 동력학(dynamics)에 노출되어 있다는 점에서 양자 모두 식민지적 상황에 휩쓸려 있다는 사실에는 변함이 없다.

그러한 의미에서 호미 바바의 논의는 식민지적 담론을 교란케 하면서 다시 짜는 낙관적 전망을 개척하는 방향을 지시했지만, 스피박(Gayatri Spivak)은 그러한 포스트콜로니얼리즘이나 포스트콜로니얼 연구라는, 이미 일정한 방법론을 구축한 담론에 대해 정면으로 비판했다. 즉「섭얼턴은 말할 수 있는가?」(Can the Subaltern Speak?, 1985)라고 했던 것이다.

미국에서 데리다(Jacques Derrida)의 번역자였기 때문에 나온 비판이지만, 스피박은 애당초 어떤 지역에서 가장 차별받은 위치에 놓인 사람은 자

---

2) 이 책의 번역본은 프란츠 파농, 『검은 피부 하얀 가면』, 이석호 옮김(인간사랑, 1998)—옮긴이.

신의 현상황에 대해 이야기할 말을 갖고 있지 않다는 사실을 분명히 했다. 그것은 타자 자신이 읽을 만한 담론을 스스로 엮어내는 지적 훈련을 받고 있는가(받을 수 있는가), 대부분의 타자에게 통하는 언어를 사용할 수 있는가 하는 데서 시작된다. 그리고 읽을 만하다고 인정되는 담론이란 단적으로 말해 반복적으로 재생산되어 온 지적 엘리트에 의한 담론의 집적인 이상, 그 틀을 통해 가장 차별받는 사람의 '현실'은 결코 표상될 수가 없다. 결국 나오는 것은 가장 차별받는 사람 이외의 사람들이 대리적으로 표상한 담론일 수밖에 없다. 애초에 가장 차별받는 사람(섭얼턴)이 존재한다는 사실조차 알려져 있지 않다고 한다면, 그녀의 목소리는 들려지지도 않은 것이다.

이러한 스피박의 날카로운 비판은, 식민주의적 강간의 산물일 수밖에 없는 포스트콜로니얼한 상황을 어떻게 받아들이고 어떻게 해석하며 어떻게 말하는가 하는 담론과의 관련 방식 총체에 대해 엄격한 윤리적 질문을 들이댄 것이다.

이 책이 스피박의 비판을 감당할 수 있을지의 여부는 독자의 판단에 맡길 수밖에 없다. 일찍이 식민지 지배자였던 '대일본제국'의 연장선상에 있는 '일본국'에 귀속한 사람으로서, 『포스트콜로니얼』이라는 제목 아래 무슨 말을 하면 좋을까? 내가 택한 것은 다음과 같은 방법이다.

첫째, 일본의 역사를 말할 때 정치적인 입장으로서는 우익에서 좌익까지가 기본적으로 '문명'으로서의 '근대'를 향했다고 긍정적으로 말해져 온 막부 시대 말부터 청일전쟁까지의 사건을 식민지적 무의식과 식민주의적 의식의 모순 속에서 다시 파악하는 것이다. 둘째, 마찬가지로 '초국가주의'(ultranationalism)에 의해 조종되어 '근대'화의 과정을 그르치고 만 '전시중'(戰時中)의 '야만'으로부터 다시 '문명'으로서의 '민주주의'로 향했다고 하는 패전 후의 사건을 동일한 모순 가운데서 다시 말하는 것이다. 그리고 셋째, 메이지(明治, 1868~1912) 일본의 식민지적 담론 안에 있으며 그것을 교란시키는 문학적 담론으로서 나츠메 소세키(夏目漱石)의 텍스트를 지금까지처럼 정전(canon)으로서가 아닌 방식으로 다시 읽는 실천을, 앞의 두 가지의 역사적 서술 사이에 개입시키는 일이다. 이 세 가지의 선택으로 인해 이 책은 3부분으로 구성되었다.

이러한 의미에서 20세기 전반의 식민지 제국으로서의 '대일본제국'에 대한 분석과 기술은, 1990년대 일본에서 포스트콜로니얼 비판으로 나타난 일련의 성과에 모두 맡기기로 했다. 그것에 대해서는 이 책 맨 뒤에 있는 참고 문헌에서 소개하기로 한다.

개국 전후의 식민지적 무의식

대륙 · 반도 · 열도의 지정학

대륙의 개국

1850년대부터 1860년대의 중국 대륙, 조선 반도, 일본 열도를 둘러싼 서구 열강과의 지정학적 역관계는 일국의 역사(national history)라는 측면에서는 결코 정확하게 파악할 수 없다.

대륙의 개국은 '대영제국'이 생산하는 면공업 제품의 시장 개척을 위해 폭력적으로 수행되었다. 산업 혁명 이후 면공업 제품 판매에 열심히 임하지 않았던 동인도회사가 1814년에 중국과 인도 사이의 무역 독점권을 차지하면서 인도 시장에는 영국의 면공업 제품이 한꺼번에 유입되었다. 이를 은으로 결제해야 했던 인도로서는, 동인도회사로부터 허가를 받아 연안 무역을 행하던 지방의 무역 상인에 의한 중국으로의 아편 수출이 필수불가결한 생명선이 되었다.

1826년에는 아편 무역으로 인해 청나라로부터 은이 유출되기 시작했다. 1830년대에는 동인도회사의 대중국 독점권이 폐지되는 것과 연동하여 청나라 정부 내부에서의 아편 금지론이 대세를 점하게 되었으며, 1839년 3월에는 린쩌쉬(林則徐)가 군사 요새화한 광둥(廣東)의 상인 거류지를 무장 봉쇄하고 영국인이 소유하고 있던 아편을 몰수했다. 이를 계기로 이듬해에 영국과 청나라 사이에 '아편 전쟁'이 시작되었다. 이 전쟁에서 승리한 영국은 1842년 8월 29일, 난징(南京)조약 체결을 시작으로 일련의 조약과 협정을 맺고, 홍콩의 영유, 아편 배상금을 비롯한 총액 2,100만 달러에 이르는 배상금을 청나라로부터 빼앗았다.

그 당시까지의 광둥 무역 시스템은 아편 전쟁으로 붕괴되었고, 5개 항구, 즉 광둥·샤먼(廈門)·푸저우(福州)·닝보(寧波)·상하이가 개항되었으며, 그 5개 항구의 영사(領事) 재판권 행사를 비롯한 불평등 조약 아래 청나라의 개국이 진행되었다.

그후 1856년 10월 8일에 발생한 애로우(Arrow)호 사건을 계기로 영국은 프랑스와 함께 대규모의 무력 행사, 이른바 '애로우호 전쟁'을 전개해 베이징까지 군대를 진출시켰다. 그리고 1958년 6월에는 영국·프랑스 양군의 제압하에서 양국과 텐진(天津)조약이 맺어졌다. 그와 동시에 조약 개정 요구에 대해 양국과 공통된 미국과 러시아 대표도 청나라와 텐진조약을 맺게 되었다. 이 네 나라와의 텐진조약에 의해 청나라의 '조공'(朝貢) 외교는 그 원칙이 무너지고, 불평등 조약에 의해 서구 열강이 지배하는 시대가 시작되었다.

'조공 외교'란 중화(中華) 사상과 깊이 관련되어 있다. 다시 말해 중국은 세계의 중심이므로 중국 이외의 나라는 문명과는 무관한 '오랑캐'의 나라들이며, 그 나라들은 중국에 조공을 함으로써 그때마다 지배와 피지배 관계를 확인해 나아간다는 것이다. 그러나 그것은 조공을 하기만 한다면 그 나라는 자신의 지역에서 중국 본국으로부터 자립된 형태의, 상대적으로 자유로운 정치적 통치를 행할 수 있는 시스템이다.

그에 비해 서구 열강 사이의 조약 외교는 근대 국민 국가를 전제로 한 상태에서 서구 열강의 국가 시스템을 기준으로 '만국공법'(萬國公法)적인 합의를 만들고 서구 열강과 동일한 국가 개념에 합당한 국가 시스템을 갖추지 않으면 대등한 조약을 맺을 수 없다는 것이었다. 특히 아편 전쟁에서 애로우호 전쟁에 이르는 영국의 대 청나라 외교는, 군사력의 승리에 의해 불평등 조약을 강요하여 중국 시장에서의 권익을 확대해 나아가는 것이었다.

불평등 조약의 초점은 최혜국(最惠國) 조항과 협정 세율, 그리고 영사 재판권에 있었다. 물론 협정 세율은 이미 산업 자본주의화한 서구 열강이 자국 공업 제품의 수출을 용이하게 하는 시장 확대를 위한 것이었고, 영사 재판권은 사실상 서구 열강측이 상대국 안에서 치외법권적인 위치에 서는 것이었다.

1858년에 텐진조약이 체결된 후에도 대륙에서는 베이징 정부 내부에 주전론(主戰論)이 강했다. 따라서 조약을 비준하는 데도 시간이 걸렸다. 1859년과 1860년, 두 번에 걸친 영국·프랑스 양국 군대와의 군사 행동이 있고 난 후, 1860년 10월 말에 드디어 평화파인 황제의 동생 궁친왕(恭親王)과의 사이에 텐진조약 비준 교환과 베이징 조약의 조인이 베이징 성내에서 이루어졌다. 영국·프랑스 연합군이 베이징을 침공했을 때, 러허(熱河)의 리궁(離宮)으로 도망간 셴펑디(咸豊帝)와 그의 측근이 이듬해인 1861년 8월에 러허에서 사망했는데, 이런 틈을 타 베이징에서는 어린 황제의 친모인 시타이허우(西太后)와 궁친왕파에 의해 쿠데타가 일어났다. 그후 서구 열강에 대한 주전파의 측근이 살해됨으로써 베이징 정부 자체가 텐진조약을 실행하는 불평등 조약 용인 체제로 바뀌었던 것이다.

동시에 1851년부터 시작된 남부의 태평천국의 난을 진압하기 위해 영국과 프랑스의 군사력이 불가결하게 되었고, 양무(洋務)운동이라 불리는 반(半)식민지적 상황하에서의 서구화 정책이 취해지게 되었다. 이 시기 베이징 정부가 가장 크게 위기 의식을 느꼈던 것은 태평천국의 난이었으며, 두 번째로 위협을 느낀 것은 북쪽으로부터 직접 영토를 위태롭게 하며 일련의 혼란을 틈타 헤이룽장(黑龍江)과 우쑤리장(烏蘇里江) 우측 연안을 자국령으로 삼은 러시아였다. 곧바로 무력 행사로 나왔기 때문에 폭력적이기는 했지만 영국은 영토 문제에는 관심을 갖지 않고 통상에 의한 시장 개방만을 요구하는 세 번째 적이었다. 프랑스나 미국은 영국을 추수하는 세력에 지나지 않는다고 본 베이징 정부의 '중화'적 세계 정세 인식으로 말미암아, 세계 자본주의 시스템에 휩쓸려 '만국공법'을 축으로 한 서구 열강의 '국가' 개념이 전제된 '국제 관계'로 들어선다는 것이 어떤 사태인가 하는 상황 파악은 늦어질 수밖에 없었던 것이다.

열도의 개국

그에 비해 일본 열도에서는 1853년 7월에 에도(江戶) 막부의 쇄국 체제를 폐기시켜 개국을 강요할 특파 사절로 명을 받은 동인도함대 사령관 페리(Matthew C. Perry, 1794~1858)가 우라가(浦賀)에 내항한다. 도쿠가와 쇼군(德川將軍) 앞으로 보낸 미합중국 대통령의 친서를 교부받고 들어온 페리는 이듬해인 1854년 2월에 가나가와(神奈川) 앞바다에 다시 내항하고, 3월 31일에는 일미화친조약(日米和親條約)이 조인된다. 이 조약은 시모다(下田)와 하코다테(箱館)를 개항하고 석탄과 물 그리고 식량을 공급할 것과, 포경(捕鯨) 관계의 표류선을 구조하며 그 선원을 미국측에 인도할 것 등을 중심으로 한 것이었다.

이 일미화친조약의 내용에는 일본에 개국을 요구한 미합중국이 1850년대의 세계 자본주의 시스템 속에서 차지하는 위치가 확실하게 나타나 있었다. 이미 1840년대에 미국은 영국에 이은 세계 제2의 면 공업국이 되어 있는 상태였고, 중국 시장에서 영국과의 경쟁을 어떻게 하면 유리하게 진행시켜 나아갈 것인가 하는 것이 미국 산업 자본주의의 가장 중요한 과제였다.

미국-멕시코 전쟁(1846~1848)의 결과, 미국은 멕시코로부터 태평양 연안의 캘리포니아와 뉴멕시코를 빼앗는 데 성공했다. 중국 시장에서 영국과 경쟁하기 위해서는 새롭게 영유한 캘리포니아 서해안의 항구와 상하이 혹은 광둥을 직접 잇는 태평양 횡단 항로를 여는 것이 급선무였다. 이러한 의미에서 미합중국이 식민지를 갖지 않은 국가였다는 통설은 거짓이다. 북아메리카 대륙 자체가 동쪽에서 서쪽으로 향할 수 있도록 해준 광대한 식민지적 영토였던 것이다.

최대의 과제는 한 번의 항해에서 어떻게 하면 한꺼번에 대량의 면 공업 제품을 운송하느냐 하는 데 있었다. 당시의 단기통식 기선은 연료로 대량의 석탄을 필요로 했다. 만약 도중에 석탄을 공급할 수 있는 기항지가 있다면 석탄의 양을 줄이고 그만큼 화물 창고를 확대해서 대량의 면 공업 제품을 선적할 수 있게 된다. 그러기에 미국 서해안에서 중국으로의 항로 도중에 있는 일본 열도의 항구가 주목되었던 것이다.

일본의 항구에서 석탄을 실을 수 있다면 중국 시장에서 영국과의 경쟁에서 이길 수 있으리라는 자본주의적 과제야말로 일본에 개국을 강요한 미국의 최대 목표였다. 동인도함대 사령관이 된 페리가 미국 해군에 증기선을 처음 도입한 사람이었으며, 미국-멕시코 전쟁에서 멕시코만 함대 사령관이었던 사실은 우연이 아니다.

일본의 개국 양상이 중국의 경우와 미묘하게 달라지게 된 요인은, 영국의 식민지로부터 독립하는 형태로 근대 국민 국가가 된 미합중국을 최초의 개국 교섭의 상대로 삼은 데에 있었다.

톈진조약이 체결된 것과 같은 해인 1858년 7월 29일, 미국 총영사 T. 해리스의 수완으로 일본 막부는 일미수호통상조약을 맺게 되었다. 크리미아 전쟁과 애로우호 전쟁으로 일본과 통상 조약을 체결할 수 없게 된 영국에 앞서서, 해리스는 자유 무역 규정을 두지 않았던 일미화친조약을 개정했던 것이다.

해리스는 미합중국의 평화주의를 강조하고, 먼저 미국과 조약을 체결하는 것이 제3국으로부터의 침략을 방지하는 길임을 강조했다. 그후 8월 18일에는 네덜란드와, 다음날인 19일에는 러시아와, 그리고 8월 26일에는 영국과, 마지막으로 10월 9일에는 프랑스와 일미수호통상조약을 기초로 한 일련의 수호 통상 조약을 체결하게 된다. 이것이 '안세이(安政) 5개국 조약'이라고들 하는, 열도 불평등 조약 시대의 시작이다.

텐진조약과 비교했을 때 안세이 5개국 조약에서는, 관세율에서 청나라가 5퍼센트였던 것에 비해 대다수의 품목이 20퍼센트로 오른 것, 기독교에 대한 특별 조치가 들어 있지 않은 것, 또 외국인의 '내지'(內地) 자유 여행을 인정하지 않은 것 등 몇 가지 점에서 중요한 차이가 있었다. 그러한 의미에서 서구 열강에 의한 아편 전쟁에서 애로우호 전쟁에 이르는 경위를 숙지하고 그 교훈을 살리려고 한 막부의 국방 관계 관료들은 전쟁에 의한 반식민지화를 피하고 교역의 관세 이익에 의해 부국강병을 수행해 나아가는 노선을 취하고자 했던 것이다.

'존왕양이'와 자기 식민지화

그러나 이 안세이 5개국 조약을 체결하는 데 있어 막부는 고메이(孝明) '천황'의 허가를 얻을 수 없었다. 사후에 승낙을 얻으려 하면서 막부측이 조정측에 강조했던 것은, 일련의 불평등 조약은 머지않아 '개정'하게 된다는, '조약 개정'이라는 전제였다. 개국을 둘러싼 조약 체결은 당초부터 조약 개정이라는 정치 과제를 내재시키는 결과가 되었던 것이다.

조정을 뛰어넘은 형태로 행한 막부의 조약 체결은 서구 열강의 제국주의적 침략과 외교 사정을 모르는 구게(公家)와 반(反)막부 세력을 결합한 '존왕양이'(尊王攘夷) 운동[1]에 불을 당기게 되었다. 중화 사상의 산물인 '양이' 사상이란, 바로 자신들을 세계의 중심에 위치하는 선진 문화권이라고 가상(假想)하고 주변 지역의 사람들을 문화를 갖지 못한 오랑캐[夷狄]로 간주하는 차별적 배외주의이다. 이를테면 현실을 보지 않는 관념의 영역 속에서 열도를 옛 대륙의 위치로 미끄러져 들어가게 하면서, 서구 열강을 오랑캐라고 간주하는 사상이 양이 사상의 중심에 있었던 것이다. 이러한 양이 사상은 현실 정치와 외교의 과정에서 보자면, 아편 전쟁에서 애로우호 전쟁에 이르는 청나라의 경험을 완전히 소거함으로써만 성립할 수 있었다.

서민의 차원에까지 퍼진 '흑선' 패닉(panic)에 편승한 형태로 형성되었던 '존왕양이'라는 광신적 배외주의의 기분·감정은 현실 역사 과정의 가장 중요한 부분에 대한 인식을 소거하면서, 그 소거된 공백을 '존왕', 즉 불

---

1) '천황'의 전통적인 권위를 존중하는 존왕론과 서구 및 서구인을 도덕이 열등하고 야만적이라며 배척하는 양이 사상이 결합한 막부 말기의 정치 이론과 그 운동을 말한다. 특히 이 운동은 1861년에서 1865년 사이에 크게 융성하면서 하급 무사나 소장파 공경(公卿) 등을 중심으로 확산되었다. 운동 본래의 성격에서 보면 존왕론이나 양이 사상 모두 봉건 사상이며 에도 시대를 통해 내내 존재하던 것이었는데, 양자가 일체가 되어 국가 체제의 변혁을 주장하는 계기가 되었던 것은 외국 선박의 내항 등의 외압 때문이었다. 특히 후기 미토(水戸)학은 쇼군(將軍)이 솔선하여 '천황' 숭배의 자세를 표명함으로써 막부에 대한 다이묘(大名), 한시(藩士), 민중의 경복(敬服)을 이끌어냄과 동시에 양이를 외교의 기본 방침으로 삼음으로써 해이해진 무사의 기풍을 다잡기 위해 존왕양이를 주장했다. 이렇게 처음의 목적은 쇄국 유지나 막번제 질서의 재건에 있었지 막부 토벌을 지향한 것은 아니었다. 그런데 '존왕양이'가 정국을 쥐게 된 열쇠가 된 것은 1858년의 일미수호통상조약이 '천황'의 허가를 받지 않고 조인한 일과 쇼군 후계 문제였다. 두 문제에 대해 조약 체결파와 반대파, 기슈(紀州)파와 히토츠바시(一橋)파 모두 자기 주장을 유리하게 끌어가기 위해 고메이(孝明) '천황'의 허가를 얻으려 하면서 조정이 정국의 초점이 되었다. 1858년 6월, 허가를 받지 않은 채 조약 조인을 강행한 다이로(大老) 이이 나오스케(井伊直弼)의 행동은 존왕에도 양이에도 반하는 것이라고 하여 혹독한 비판을 받게 되었다. 1860년(万延元年)에는 사쿠라다문(櫻田門) 밖의 변(變)으로 이이 나오스케가 암살당했으며, 그 외에도 미국 총영사 해리스의 통역 휴스켄도 에도에서 암살되는 등 외국인과 외국 공사관이 공격의 대상이 되는 양상이 전개되었다. 존왕양이파는 조정을 움직여 막부에 양이의 결행을 강요했고, 1864년 5월 10일을 양이 결행의 기한으로 약속하게 했다. 쵸슈(長州)번은 이날을 기해 시모노세키(下關)를 통과하는 외국 선박을 포격하여 1864년 4국 함대 시모노세키 포격 사건을 불러일으켰다. 이러한 움직임에 위기감을 느낀 사츠마(薩摩)번, 아이즈(會津)번 공경(公卿) 등은 1863년 8월 18일에 정변을 일으켜 존왕양이파를 교토에서 추방했다. 거의 동시에 일어난 덴츄구미(天誅組)의 변(變), 1863년 10월의 이쿠노(生野)의 변, 1864년의 덴구(天狗)당의 난 등의 존왕양이파 격화 사건도 실패로 끝났다. 그리고 쵸슈번도 1864년에는 금문(禁門)의 변에서 패배해 존왕양이 운동은 급속하게 세력이 약화되었다. 한편, 1863년의 사츠에이(薩英) 전쟁, 1864년의 4국 함대 시모노세키 포격 사건 등에 의해 외국의 실력을 통감한 사츠마, 쵸슈 양 번은 양이의 불가능을 깨닫고 결국 번론(藩論)을 막부 토벌 운동으로 전환했다.—옮긴이.

평등 조약의 허가를 내주지 않았던 '천황'을 떠받든다고 하는 낡고 새로운 권위주의에 의해 충전(充塡)할 수밖에 없었다. 여기에 근대 천황제라는 장치의 기원이 있는 것이다.

따라서 메이지 유신 정부가 최초로 지니고 있었던 중요한 외교 과제는, 어쨌든 막부가 맺은 불평등 조약을 개정하는 일이었다. 일본의 위정자와 파워 엘리트들의 정신 구조는, 한편으로는 서구 열강에 대해 종속적인 관계를 맺으면서 표면상으로는 조약 개정을 진행시키고, 다른 한편으로는 '만국공법'을 중심으로 한 서구 열강의 외교 이론을 재빨리 내면화하는 것이었다. 여기서 나는 자국의 영토를 확보하기 위해 국내의 제도·문화·생활 관습, 그리고 무엇보다 국민의 머릿속을 서구 열강이라는 타자에 의해 반(半)강제된 논리하에서, 자발성을 가장하면서 식민지화하는 상황을 '자기 식민지화'라고 부르고자 한다.

1860년(万延 원년), 안세이 5개국 조약의 하나인 일미수호통상조약의 비준서를 교환하기 위해 견미사절단(遣美使節團)이 파견되었다. 이와 함께 항해한 것이 막부 해군의 칸린마루(咸臨丸)였으며, 거기에는 군함봉행(軍艦奉行) 기무라 세츠노카미 요시타케(木村攝津守喜毅)의 수행원으로서 후쿠자와 유키치(福澤諭吉, 1835~1901)가 타고 있었다. 또한 1862년(文久 2년)부터 다음해에 걸쳐 구미사절단(遣歐使節團)이 파견되었는데, 그 임무는 영국, 프랑스, 네덜란드, 러시아, 포르투갈에 대해 가나가와(神奈川)·나가사키(長崎)·하코다테(箱館)를 개항한 후 니가타(新潟)·에도(江戶)·오사카(大坂)·효고(兵庫)를 개항하고 개시(開市)하게 되어 있던 것을 최대한 연기하기 위한 교섭이었다. 이 사절단에도 후쿠자와 유키치는 용통사(傭通詞)[2]·외국방번역국원(外國方飜譯局員)[3]이라는 자격으로 동행했다.

---

2) 고용된 통역자—옮긴이.
3) 막부의 조직명—옮긴이.

이 시기 일본 국내에서는 '천황'의 허가를 받지 않은 채 조인한 조약에 반대하는 움직임이 격화되어 갔다. "문자 그대로의 의미에서 존왕양이"라는 슬로건은 다이로(大老) 이이 나오스케(井伊直弼, 1815~1860)를 중심으로 한 막부 각료의 외교 노선을 겨냥했으며, "'칙령 위반'에는 '존왕'을, '개국'에는 '양이'를 대치했던 것이다."[4]

사쿠라다문 밖의 변(櫻田門外の變)[5]에서 이이 나오스케의 암살, 사카시타문 밖의 변(坂外門外の變)[6]에서 로쥬(老中) 안도 노부마사(安藤信正, 1819~1871)의 습격이라는 막부 각료에 대한 테러가 거듭되었고, 덴츄구미(天誅組)의 거병, 이쿠노의 변(生野の變),[7] 텐구당(天狗黨)[8]의 난(1864년)이라는 막부 토벌을 위한 거병이 각지에서 일어났다. 그 가운데서 열도의 지방 군벌인 사츠마(薩摩)번이 나마무기(生麥) 사건[9]을 계기로, 1863년 8월 15일에는 사츠마-영국 전쟁(사츠에이 전쟁)에 돌입했다. 또 6월 25일에는 '양이'의 중심이었던 쵸슈(長州)번이 시모노세키를 통과하는 미국 상선을 포격한 일에 대해, 1864년 9월 5일에 영국·프랑스·네덜란드·미국으로 이루어진 4개국 연합 함대가 시모노세키를 공격하고 다음날 포대를 점령했다.(馬關戰爭)

그리고 열강의 해군과 실제로 전투를 벌인 사츠마·쵸슈라는 열도의 2대 지방 군벌은 전쟁 후에는 역으로 영국과의 관계를 급속히 심화해 갔다.

---

4) 田中彰, 『開國と倒幕』(集英社, 1992).
5) 1860년 3월 3일, 존왕양이파가 다이로 이이 나오스케를 에도성 사쿠라다문 밖에서 암살한 사건. 이 사건으로 막부 정권의 쇠퇴가 분명해졌으며 막부 말기의 정국에 일대 전기가 만들어졌다.—옮긴이.
6) 1862년(文久 2년) 1월 15일 에도성 사카시타문 밖에서 존왕양이파의 지사 6인이 로쥬 안도 노부마사를 습격하여 부상을 입힌 사건이다.—옮긴이.
7) 1863년(文久 3년) 10월 존왕양이파가 막부를 토벌하기 위해 이쿠마에서 거병(擧兵)한 사건이다.—옮긴이.
8) 에도 막부 말기 미토(水戶)번 존왕양이파의 과격파를 말한다.—옮긴이.
9) 1862년(文久 2년) 사츠마번의 시마즈 히사미츠(島津久光)가 에도에서 귀향하는 도중, 가나가와(神奈川)현의 나마무기촌에 당도했을 때 말을 탄 영국인 네 명이 행렬을 어지럽혔다는 이유로 사츠마 한 시들이 그들을 살상한 사건. 이듬해에 일어난 사츠에이(薩英) 전쟁의 원인이 되었다.—옮긴이.

1866년 3월 샤츠마·쵸슈 동맹이 결성되고 열도는 메이지 유신 내란으로 돌입해 갔다.

열도의 파워 엘리트들은 서구 열강의 해군을 중심으로 한 군사력 및 청나라에 대한 식민주의적 외교 정책 그리고 열강 본국의 정치력·외교력과 실지(實地)에서 직접 대면하지 않으면 안 되었으므로 그 힘의 균형을 이용하는 방향으로 나아갔던 것이며, 지방 군벌제가 아닌 강력한 국가와 군대를 만드는 방향으로 '존왕양이' 노선을 '존왕토막'(尊皇討幕)으로 전환했던 것이다.

반도의 비개국

대륙과 열도가 이러한 동향에 휩쓸리는 사이 반도에서는 1863년에 고종(高宗, 1852~1919)이 즉위하면서 그의 아버지인 대원군이 정치 권력을 한 손에 쥐게 되었다. 그리고 1866년에는 종교적 이단을 배제한다며 천주교도를 학살했다. 이에 대해 프랑스는 항의의 뜻으로 강화도에 함대를 파견하여 강화부(江華府)를 점령했지만, 대원군은 자국의 군대를 고무하여 프랑스 군을 철퇴시켰다.

또한 같은 해 7월에는 조선과의 통상을 개시하려고 텐진을 떠나 평양 근처에 도착한 미국 선박 셔먼호를 불태웠으며 승선했던 선교사를 포함한 선원 전원을 살해했다. 결국 셔먼호는 그대로 소식이 두절되고 말았다. 반도에서 벌어진 이 학살에 대한 풍문은 청나라에 체재하고 있던 외국인들 사이에 커다란 충격을 주었는데, 결과적으로 미국측은 그 진상조차 파악할 수 없었다.

이 사건을 포함해 중요한 것은, 이 시점에서 반도를 지배하고 있던 정권이 청나라와 정식적인 '조공' 관계에 있었고, 따라서 서구 열강은 직접 대원군과 교섭하는 대신 종주국인 청나라를 통해 외교 교섭을 하지 않을 수 없었다는 점이다. 그러나 청나라측은 '조공 외교'의 입장에서 조선의 내정과 외교에 간섭하지 않는다는 기본 방침을 들어 서구 열강의 항의서를 수리(受理)하지 않았다. 반도가 이러한 '조공 외교'권에 귀속해 있었기 때문에 1860년대 반도에서는 서구 열강에 의한 직접적인 개국이 진행되지 않을 수 있었다. 역으로 청나라와 '조공' 관계에 있었기 때문에 일본 열도에서는 불가능했던 '양이'가 반도에서는 실질적으로 철저하게 실천되기도 했던 것이다. 물론 이 시점에서는 서구 열강의 태평양 전략에서 반도가 차지하는 중요성이 대륙이나 열도의 항만 도시에 비해 상대적으로 낮았다는 점도 하나의 요인이기는 했다.

다른 한편 열도에서는 당시의 추세를 좇아 서구 열강과 '안세이 5개국 조약'을 맺음으로써 일찍이 '조공' 관계에 있던 대륙으로부터 자립해 버렸고, 대륙의 황제가 아니라 열도의 '천황'을 중심으로 한 '존왕양이'라는 중화사상을 관념적으로 구축할 수 있었다. 그러한 의미에서 '대정봉환'(大政奉還)[10]에서 '왕정 복고'라는 슬로건 아래 막부와 '존왕양이'파 사이의 정치적 대립과 혼란을 수습하는 이론이 나름대로 현실성을 가질 수 있었다. 그러나 '존왕'이 현실성을 가진다고 해도 '양이'는 비현실적인 것이 되었으며, '양이'의 중심 세력이었던 사츠마와 쵸슈가 역으로 '개국'을 전제로 하면서 '존왕'을 축으로 한 막부 토벌(討伐)에 발을 내딛을 수 있었던 것이다.

청나라와 '조공' 관계에 있었던 반도의 정권이 '천황'을 중심으로 한 정치 체제를 수립한 열도의 메이지 정부를 받아들일 논리는 존재하지 않았다. 물론 대원군이 과도한 배외주의적 '양이' 정책을 취했던 점도 있지만, '황'(皇)이나 '칙'(勅)이라고 말할 수 있는 권력 주체가 청나라에는 존재해도 열

---

10) 정권을 조정에 반환하는 것을 말한다. 역사적으로는 1867년(慶應 3년) 10월 14일, 에도 막부 15대 쇼군(將軍) 도쿠가와 요시노부(德川慶喜)가 조정에 정권의 반환을 신청하여 다음날 받아들여진 일을 말한다. 이것에 의해 가마쿠라(鎌倉) 막부 이래 약 700년을 이어온 무가(武家) 정치는 종말을 고하게 되었다.—옮긴이.

도에는 존재할 리가 없다는 것이 반도의 논리였던 것이다. '조공 외교' 권에서 그것은 정론(正論)이었다.

반식민지화된 대륙, 개국하지 않은 반도, 개국에 의해 자기 식민지화를 수행한 열도 사이에서, 이러한 '만국공법'적 국가의 논리와 '조공 외교'적 국가의 논리가 미묘한 시간적 어긋남(time lag)을 내재시키면서, 서구 열강이 지닌 힘의 균형과의 흥정에 다투고 있었다. 그로 인한 혼란이 1870년대, 이 지역의 헤게모니 관계를 그때까지와는 전혀 다른 것으로 재편성해 버렸다. 그 최대의 요인은 열도의 파워 엘리트들이 '만국공법'을 내면화하는 방법, 즉 열도의 자기 식민지화 과정에 있었다.

'문명 개화'와 식민지적 무의식

'만국공법'의 내면화

1860년대 열도의 파워 엘리트들에게 가장 시급한 과제는, '만국공법'의 논리나 서구 열강이 만들어낸 '국제' 관계의 규범을 내면화하고 또 자신들이 귀속한 국가 자체를 그 규범의 틀에 적합한 것으로 새롭게 만드는 일이었다.

그러나 페리가 열도에 개국을 강요한 단계에서 막부의 교섭 담당자는 '만국공법'에 대한 지식을 전혀 가지고 있지 않았다.

외교 교섭을 하는 데 즈음하여 막부측의 교섭 담당자는, 그 교섭의 논리적 틀 모두가 상대측에 있다는 담론 시스템 자체의 비대칭적이고도 일방적인 역관계 속에 놓이고 말았다. 좋든 싫든 간에 그들은 근본적으로 분열된 상황 속에 놓이게 된 것이다. 그때까지 추진해 온 막부의 외교 정책(기본은 쇄국 정책이었지만 그 배후에는 '조공' 제도도 포함되어 있었다)을 어떻게든 유지할 목적에서, 외교 담당자들은 서구 열강의 새로운 '국제' 관계를 둘러싼 담론 시스템을 획득하기 위해 노력했다. 그러나 결과적으로 그들은 밖으로부터 침입해 온 자들이 구체제를 압도하고 파괴하는 일을 거들고 말았던 번역자 내지는 통역자라는 입장에 놓였다. 역사적 상황의 차이도 있었고, 모든 식민지와 식민지 종주국 사이에 놓여 있는 경계에서, 막부의 외교 담당자는 지배하는 담론을 가진 측에 대해 지배되는 담론측에서 나타나는 '통역자'의 역할[11]을 자기도 모르는 상황에서 수행하고 말았다. 토지나 재산, 생명이나 언어가 지배되기 전에 커뮤니케이션의 수단 자체가 지배되고 말았던 것이다.

'만국공법'이란 용어는 헨리 휘튼(Henry Wheaton, 1785~1848)이 지은 *Elements of International Law*(국제법의 요소들, 1836)를 미국인 선교사 윌리엄 마틴(William A.P. Martin, 1827~1916, 중국 이름은 딩웨이량〔丁韙良〕)이 『만국공법』이라는 제목으로 한역한 데서 유래한다. 이 한역본은 1864년에 간행되었고, 다음 해인 1865년에 일본인용으로 번각(飜刻)되어 청나라에서 일본으로 들어왔으며 막부 말기 유신기에 유포되었다. 일본의 파워 엘리트들에게 이 『만국공법』은 수입처인 청나라에 비해 훨씬 커다란 영향을 끼쳤다.

'만국공법'의 논리를 내면화함으로써 재빨리 국가와 외교 사상의 자기식민화를 실현한 사람이, 막부가 파견한 유학생으로서 1862년(文久 2년)에 네덜란드로 건너갔던 니시 아마네(西周, 西周助, 1829~1897)였다.

니시 아마네는 츠다 마미치(津田眞道, 1829~1903)와 함께 '대영제국'과의 가혹한 식민주의적 패권(헤게모니)을 둘러싼 외교 교섭을 경험한 네덜란드의 라이덴대학 법학부 교수 비세링(Simon Vissering, 1818~1888)으로부터 2개월간 개인 수업을 받고, 귀국 후인 1865년에는 막부 카이세이쇼

---

11) 츠베탕 토도로프, 『타자의 기호학—미국 대륙의 정복』, 及川·大谷·菊地 옮김 (法政大學出版局, 1986).

(開成所)[12]의 교수가 되었다. 1865년부터 1866년에 걸쳐, 카이세이쇼에서 행한 『만국공법』 강의를 발판으로 1868년(慶應 4년·明治 원년)에 『만국공법』의 일본어 번역판인 『네덜란드 비세링 씨의 만국공법』(和蘭畢洒林氏萬國公法)을 공간(公刊)했다. 그리고 그후 메이지 초기에는 다수의 『만국공법』 번역서는 물론 상세한 주석이 붙은 해설서가 간행되었다. 새로운 국가의 파워 엘리트가 되려는 자는 『만국공법』을 확실하게 이해하고 습득해 내면화하는 것이 필수불가결한 과제가 되었다.

니시 아마네의 『만국공법』과 거의 같은 시기에 간행된 『서양사정 외편』(西洋事情 外篇, 1818년)에서 후쿠자와 유키치는 "대저 세상에 일종의 전권(全權)이 있어, 만국이 반드시 이 공법을 지키는 것이 가하다고 명(命)을 내리지는 않더라도, 국가로서 이 공법을 파괴하면 반드시 적을 불러들이는 고로, 각국이 모두 이를 존봉(尊奉)하지 않을 수 없다. 각국 사이에 서로 사절을 파견해 그 나라에 체재토록 하는 것도 그 나라들이 서로 공법의 취지를 잊지 않기 위해서이다"라는 교과서적인 이해를 보여주었다.

개국 노선을 취한 메이지 신정부로서는 당시까지 막부 비판의 이론적 지주 중 하나였던 '양이'(攘夷)라는 일본형 화이(華夷) 사상(스스로를 중화라고 간주하고 타자를 오랑캐로 보는 사고 방식)과 타협하는 데 있어서, 그때까지 '오랑캐'로 간주해 온 나라들이 '공법'에 의해 관계되어 있다면 그저 배척만 할 것이 아니라 '온 세계'[宇內], 즉 이 천지간에 있는 '공법'을 통해 접촉해 나아가도 좋을 것이라는 논리였다. 그 때문에 『만국공법』이 거의 자연법처럼 정전화되어 버린 측면도 있었다.

1868년 2월 8일, 이제 막 성립한 유신 정부는 각국의 공사(公使)에 대해

---

12) 에도 막부의 양학(洋學) 교육 기관. 반쇼시라베쇼(蕃書調所)에서 요쇼시라베쇼(洋書調所)로 바뀌었다가, 1863년(文久 3년)에 카이세이쇼로 개칭되었다. 1868년(明治 1년) 메이지 정부 수립 후 다시 카이세이학교라고 개칭되었으며, 나중에 도쿄대학으로 발전했다. 카이세이쇼에서는 네덜란드, 영국, 프랑스, 독일, 러시아 등의 외국어와 자연과학, 병학(兵學) 등 8과목을 가르쳤다.—옮긴이.

'왕정 복고'와 '조약 이행'을 명기한 칙서를 보냈다. 그리고 같은 날 국내용으로 대외 화친과 국위 선양의 포고를 냈는데, 그 말미에는 "또한 외국과의 교제 의례는 자연법〔宇內の公法〕으로 존재해야 할 것"이라고 기록되어 있었다. 기본적으로 "유신 정부는 스스로의 정당성을 강조하기 위해 '만국지공법'(만국공법)과 '우내지공법'(宇內之公法, 자연법)을 이중으로 겹쳐 찍은 것처럼 겹쳐놓아 의식적으로 혼용〔轉用〕했다"고 이해해야 할 것이다.[13]

그렇게 한다면 결과적으로 군사력에 의한 위협에 굴복해 개국해 버렸던 상황을 조금도 바꿀 수 없다는, 유신 이후의 명백한 현실을 은폐할 수가 있었기 때문이다. 메이지 천황에 의해 포고된 「5개조의 서문」(五箇條の誓文)이라는 유신 정부의 기본 정책 가운데 "종래의 누습을 타파하고 천지의 공도(公道)에 기초해야 한다"는 조문(條文)의 '천지의 공도'(天地ノ公道, 초안에는 '宇內ノ通義'였다)라는 말도 이러한 양의성을 갖고 있다고 해석할 수 있다.

식민주의의 실천

내면화된 '만국공법'의 논리가 맨 처음 실천적으로 이용된 것은, 1869년(明治 2년)에 막부 해군을 고료카쿠(五稜郭)에서 진압한 후 에조치(蝦夷地)를 '홋카이도'(北海道)로 개칭하고 '홋카이도 개척사'(北海道開拓使)를 창설했을 때이다. '천황'은 1868년의 단계에서 이미 '에조치 개척'에 대해 정부 수뇌들에게 자문을 구하고 있었다. 아이누 모시리(アイヌ モシリ, 아이누 사람들의 대지)를 '주인 없는 땅'으로 위치 지워 11국(國) 86군(郡)을 두었고 야금야금 먹어 들어가는 식으로 사실상 영유(領有)하여 식민지화했던 것이다. 아이누에 대한 호칭은 그때까지 '이진'(夷人, 미개인) 혹은 '에조닌'(蝦夷人)이었다가 막부 말에 '토인'(土人)으로 바뀌었다.(1856년)

---

13) 田中彰, 『開國と倒幕』.

메이지 유신 이후의 일본에서 식민지적 무의식과 식민주의적 의식이 동시에 발동되는 모습이 여기에서 처음으로 나타났다. 즉 서구 열강에 의해 식민지화될지도 모른다는 위기적인 상황(이 경우 러시아제국과의 국경 확정)에 뚜껑을 덮고, 마치 자발적 의지인 것처럼 '문명 개화'라는 슬로건을 내걸고 서구 열강을 모방하는 것에 내재하는 자기 식민지화를 은폐하고 망각함으로써 식민지적 무의식이 구조화되는 것이다.

그러나 스스로가 '문명'이라는 증거는, 주변에서 '야만'을 발견하고 그 토지를 영유함으로써만 손에 넣을 수 있다. '아이누'는 최초의 '야만'으로 발견되었던 것이다. 우선 이 지역의 아이누 사람들을 러시아와의 관계에서는 '외국인'이 아니라며 감싸안았고, 또한 샤모(和人)[14]와 차별화하기 위해 '구토인'(舊土人)이라는 배제의 호칭을 부여했다. 동화와 배제의 이 이중성을 만들어내는 담론 전략은 그 이후의 일본형 식민주의를 관철해 나아간다.

'만국공법'은 어디까지나 서구 열강형 국가 사이의 '국제'법(Interntional Law)에 지나지 않는다. 그것은 결과적으로 서구 열강에 의한 다양한 형태의 식민지 지배를 추인하듯 정당화하는 역할을 했다. '만국공법'의 논리에서 '세계'는 서구 열강을 중심으로 한 기독교 국가를 '문명국'으로 특권화하고 있고 그 밖의 지역을 '미개국'으로 나누고 있다. 그리고 '문명국'이 '미개국'의 영토를 '주인 없는 땅'으로 영유하고 지배하는 것이 정당화되었다. '홋카이도' 영유에 즈음해 메이지 정부는 이 논리를 사용했다. 아이누는 '미개', 즉 '야만'이기 때문에 그 사람들이 설령 그 지역에 살고 있다고 하더라도 그 토지는 영유해도 괜찮다는 것이다.

그러나 '만국공법'에서 식민지 영유가 정당화되었던 것은 어디까지나 '문명국'에 대해서이다. 서구 열강으로부터 불평등 조약을 강요받고 있던

---

14) 일본인을 가리키는 아이누 인의 말—옮긴이.

일본은 과연 '문명국'이었을까? 막부 말의 사절단이 서구를 방문했을 때, 대부분의 경우 일본은 방문한 국가의 신문 보도에서 담론상 '미개' 국으로 취급되었다. 이러한 모순과 비정당성을 어떻게 은폐할 수 있을까? 메이지 유신 이후의 일본이 '문명 개화'를 국시(國是)로 내걸고 학교 교육을 철저히 함으로써 스스로 '문명'화, 즉 자기 식민지화하지 않으면 안 되었다는 것은 메이지 신정부의 파워 엘리트들도 엄연한 사실로서 인정하지 않을 수 없었을 것이다.

'문명', '반개', '야만'의 삼극 구조

'문명국' 측이 자신들의 식민주의를 정당화하는 가운데 만들어낸 '만국공법'의 논리를, 아직은 '문명국'이 아니었을 일본의 형편에 맞게 독해한 사람이 후쿠자와 유키치였다. 1874년(明治 7년)부터 구상했고 다음 해에 탈고한 『문명론의 개략』[15] 제1권에서 후쿠자와 유키치는 '문명 개화'의 개념을 상대화해 보여주었다.

후쿠자와는 우선 "오늘날 세계의 문명을 논함에 있어 유럽의 여러 나라와 미합중국을 최상의 문명국으로 보고 터키, 지나, 일본 등 아시아의 여러 나라를 반개(半開)의 나라라고 칭하며, 아프리카 및 호주 등을 야만국이라고 부른다. 이러한 명칭이 세계의 일반적 견해가 되어 있어, 단지 서양 여러 나라의 인민들만이 자신들의 문명을 자랑으로 여기는 것이 아니라 반개와 야만국의 인민들 역시 그 명칭을 정당하다고 인정하며 스스로 반개와 야만이라는 이름을 받아들인다. 그리하여 감히 자기 나라의 상태를 자랑하며 서양의 여러 나라들보다 낫다고 생각하는 자는 없다"고 말하고 있다. 한번 읽어보면 다섯 대륙을 '문명', '반개', '야만'으로 나누고 있는 것처럼 보이지만, 엄밀히 말하면 주권 국가의 차원에서 문제 설정을 하고 있다. 이어서 생

---

15) 이 책의 번역본은 후쿠자와 유키치, 『문명론의 개략』, 정명환 옮김 (홍성사, 1986) ─ 옮긴이.

산 양식과 문화의 차이에 따라 '야만', '반개', '문명'을 '인류가 반드시 거쳐가야 할 단계[階級]' 혹은 '문명의 연령'이라는 사회 진화론적 발전 단계설의 논리에 기초해 세 단계로 위치 짓고 있다.

이러한 '문명', '반개', '야만'이라는 3단계 규정을 한 다음 후쿠자와는 "이상과 같이 세 단계로 나누어 그 양상을 적어보면 문명, 반개, 야만의 경계는 분명하다. 하지만 원래 이 명칭은 상대적인 것이므로, 아직까지 문명을 본 적이 없는 동안에는 반개의 상태를 최상으로 여기는 것을 막을 도리는 없다. 이 문명이라는 것도 반개에 비해야만 문명인 것이고, 반개라 하더라도 이를 야만에 비한다면 이 역시 문명이라 하지 않을 수 없는 것이다"라고 하여, '반개'를 축으로 하면서 이들 세 항을 상대적인 관계 속에 재배치해 보여주었다.

서구적인 '문명'과 아직 만난 적이 없는 지역에서는 '반개'의 상태가 가장 진보한 단계가 된다. 게다가 '문명'이 '문명'으로 성립하는 것은 직접 '야만'과 대비해서가 아니라 '반개'와 비교한 상태에서 그것보다 진화했으므로 '문명'일 수 있다. 따라서 '반개'는 '야만'과의 대비에서는 충분히 '문명'이라 할 만한 것이다. 다시 말해 후쿠자와의 논의는 '문명'을 '문명'으로, '야만'을 '야만'으로 성립하게 하는 거울, 내지는 대립적이지 않은 일종의 촉매적인 기능을 수행하는 중간항적인 타자로서의 '반개'를 만들어낸 것이다.

그리고 이러한 논리적 전제에 기초하여 구체적인 현상황을 해석한다면, "가령 오늘날 지나의 양상을 서양의 여러 나라들과 비교하면 이를 반개라고 하지 않을 수 없다. 하지만 지나를 남아프리카의 여러 나라들과 비교한다거나, 가깝게는 우리 일본 수도권의 인민을 에조(蝦夷)[16] 사람들과 비교할 때는 이를 문명이라 해야 할 것이다"라는 것이다.

---

16) 아이누인―옮긴이.

일찍이 세계적인 '문명'을 구축했던 중국도 현시점에서 '서양'과 비교하면 '반개'일 수밖에 없다. 그러나 남아프리카의 여러 나라들과 비교하면 충분히 '문명' 국이라고 할 수 있는 것이다. 그것과 마찬가지로 "우리 일본 수도권의 인민"도 '에조 인'과 비교하면 분명히 '문명' 측에 속한다. 그렇기 때문에 '일본'이 '에조 인'이 사는 지역이었던 토지를 '홋카이도'라고 하면서 영유하고 개척의 장소로 삼을 수 있는 권리가 '문명'의 이름으로 정당화되었던 것이다.

'반개'는 '문명'이라는 타자로서의 거울에 자기를 비추고, 그 기준에 따라 자기 상을 형성함으로써만 '반개'일 수 있다. 동시에 '반개'가 '미개' 내지는 '야만'으로 떨어져 '문명'인 서구 열강의 '노예'가 되지 않기 위해서는 다른 한쪽의 타자로서의 거울인 '미개' 내지는 '야만'을 새롭게 발견하거나 날조하여 거기에 자기를 비추면서, 그들에 비하면 자신들은 충분히 '문명'에 속한다는 사실을 확인하지 않으면 안 된다.

그 확인이 행해지는 순간, 자신들이 '문명' 측으로부터 '미개'나 '야만'으로 간주될지도 모른다는(실제로 미국이나 유럽 사람들은 막부 말기의 사절단에 대해 그러한 시선을 보냈지만) 공포와 불안을, 거울인, 즉 새롭게 발견한 '미개'와 '야만'을 식민지화함으로써 마치 전혀 존재하지 않았던 것처럼 기억에서 소거하고 망각의 심연에 떨어뜨려 다시는 떠오르지 못하도록 뚜껑을 닫아 버리고 의식하지 않으려고 한다. 이러한 조작을 통해 개국 후 일본의 식민지적 무의식과 식민주의적 의식의 원형이 형성되었던 것이다.

그러나 자신들이 '노예'가 될지도 모른다는 식민지적 공포와 불안을 망각하기 위해서는 항상 타자로서의 거울인 '미개'와 '야만'이 계속해서 발견되지 않으면 안 된다. 왜냐하면 모처럼 발견된 '미개'와 '야만'은 그 지역이 내국화(內國化)되지 않으면 타자로서의 거울이라는 기능을 하겠지만, 일단 식민주의적 지배가 수행되고 자국의 영토가 되어버리면 타자로서의 '미개'

와 '야만'이었던 사람들도 동일한 자국민이 되어 자기의 일부가 되고 말기 때문이다. 실제로 '홋카이도 개척사'가 설치된 이후 '토인'이라고 불렸던 아이누는 신민(臣民)의 일부로 편입되었고, 그랬기 때문에 독자적인 문화로 유지되어 온 고유의 풍속이나 생활 관습이 금지당했던 것이다. 동시에 '구토인'(舊土人)이라는 차별적 명명을 부여받음으로써 '일본인'의 일부이면서도 차별을 지속받는 분열 속에 놓였던 것이다.

'정한론'의 양의성

그러나 아이누가 '교화'라는 이름의 폭력적인 동화의 대상이 되어버린 이상, 홋카이도를 영토화한 이후 타자로서의 거울인 '미개'와 '야만'은 서구 열강과의 불평등 관계가 계속되는 동안에는 어떻게든 새롭게 발견되지 않으면 안 되었다.

그리하여 다음 표적은 반도로 향해졌다. 대원군의 지배 체제하에 있던 반도는 메이지 유신 후의 '왕정 복고'를 인정하지 않았다. 왜냐하면 유신 정부가 신국가 체제를 통보하는 편지에 '황'(皇)이나 '칙'(勅)이라는 글자를 천황의 이름으로 사용하고 있었는데, 당시까지의 '조공 외교'에서 조선에 대해 이러한 글자를 사용할 수 있었던 것은 종주국인 청나라의 황제뿐이었기 때문이다.

1870년(明治 3년) 5월, 외무성에서 태정관(太政官) 변관(弁官)에게 내려 보낸 문서에는 "지난 번, 왕정 복고, 즉 막부를 폐하고 정치상의 중요한 일들을 천황이 친히 재결(裁決)한다는 뜻을 그 나라에 통보한 서한, 이즈하라(嚴原) 지번사(知藩事)로부터 우선 사본을 표시했던 바, 황(皇)자나 칙(勅)자 등을 지금까지 막부의 문서에서 보지 못했다는 등의 여러 논의를 일으키며 3년이 지나도록 아직도 수취하지 않고 있다"고 신정(新政)에 대한 통보 수취를 계속해서 거절하고 있다고 보고하고 있다. 그리고 그런 연후에 세

가지 방책을 제안한다.

'왕정 복고'에 대한 통보 수취를 거부하고 '황'(皇)이나 '칙'(勅)자의 사용에 불평을 다는 것은 '불경'스런 일이며 '국체를 모욕하는' 것이다. 그러므로 첫 번째의 방책은 지금까지 츠시마(對馬)번을 통해 행하고 있던 '교제는 폐지'해 버릴 것(단 여기에는 예전의 '쇄국'으로 돌아가게 된다는 부정적인 보류가 붙어 있다), 두 번째 방책으로는 먼저 사절을 파견하고 그것이 조선측에 의해 거절당한다면 '군함병위'(軍艦兵威), 즉 무력 시위를 통해 인정하게 할 것, 세 번째 방책으로는 먼저 종주국인 청나라에 사절을 파견해 청나라와 조약을 체결하고 일본이 청나라와 동등하게 된 다음 "물론 조선에 대해 한 등급 내린 의전을 써"서 새로운 관계로 들어갈 것을 제안하고 있다.

실제로는 세 번째 방책이 취해졌고, 이듬해 9월에는 청일수호조규(1871년)가 맺어지는데, 그후의 이른바 '정한론'(征韓論)에 이르는 논의는 이러한 상황을 출발점으로 한 것이었다.

그러나 중요한 것은 첫 번째 방책, 즉 외교 관계를 단절해 버린다는 제안의 모두(冒頭)에서 "조선국은 고루하고 미개하며 산물(産物)은 과소"(강조는 인용자)하다고 하여, 조선이 '미개'한 땅으로 재발견되고 있다는 사실이다. 조선을 '고루하고 미개'하다고 위치 지을 때, 일본의 외교 담당자는 그렇게 의식하지도 못한 채 '조공 외교'권에서 벗어나 '만국공법'권에 들어간 것이다.

모테기 도시오(茂木敏夫, 1959~)는 이 시기 일본의 대(對) 조선 외교의 추이를 다음과 같이 정리하고 있다. "1871년의 폐번치현(廢藩置縣)을 계기로 외무성은 츠시마번으로부터 조선 외교를 접수하고, 이듬해 부산의 초량왜관(倭館)을 외무성 관할로 옮겼다. 이에 따라 츠시마번은 그 '양속'성(兩屬性)을 잃고 일본의 한 변경으로 떨어지고 말았지만, 조선은 이 조치를 인정하지 않았다. 그래서 우선 종주국인 중국과 대등한 조약(청일수호조규)을 체결하고, 그 다음에 조선에 대해 '한 등급 내린 의전'으로 대한다는 방침으로 바꾸었으며, 결국 포함(砲艦) 정책에 의해 불평등 조약(강화도조약, 1876년)을 강요하여, 어쨌든 근대적 조약 관계를 수립했다."[17]

부산의 '초량 왜관'이란 1678년부터 반도와의 외교와 무역에 관련된 일을 하는 외국인을 위해 설립된 장소이며, 반도 국가에 소속되어 있었다. 조일(朝日) '양속'의 츠시마번이 그것을 출장소로 이용했던 것이다. 따라서 일본의 외무성이 그것을 일방적으로 접수한 것은 명백한 주권 침해이며 침략적인 행위에 해당한다.

1873년(明治 6년) 5월 초량 왜관의 문 앞에 '무법지국'(無法之國)이라는 글이 내걸리고 식량 공급이 중단되었다는 보고가 있은 뒤, 서구와의 조약 개정 교섭을 위해 이와쿠라(岩倉) 사절단을 내보내는 일이 한창이던 6월 무렵 루스(留守) 정부 내에서는 급속하게 '정한론'이 대두한다. 이타가키 다이스케(板垣退助, 1837~1919)는 즉시 출병할 것을 주장하지만, 격론 끝에 사이고 다카모리(西鄕隆盛, 1827~1877)가 주장한 대로 우선 대사를 파견해 직접 외교를 벌이는 방향으로 결정되었다. 오쿠마 시게노부(大常重信, 1838~1922), 오키 다카토(大木喬任, 1832~1899), 고토 쇼지로(後藤象二郞), 에토 신페이(江藤新平, 1834~1874) 그리고 이타가키 다이스케 등의 사이에서 대사의 임무는 사이고 다카모리 자신이 맡기로 합의되었다. 그러나 외무경(外務卿)인 소에지마 타네오미(副島種臣, 1828~1905)가 4월부터 청일수호조규 비준 교환의 특명전권대사로서 청나라에 건너가 있었기 때문에 소에지마 타네오미의 귀국을 기다려 최종적인 재정(裁定)이 내려지게 되었다.

이때 소에지마 타네오미는 청나라측이 타이완과 조선의 내정이나 외교에 대해 그때까지의 종속 관계를 구실로 간섭하지 않는다는 입장을 확인하

---

17) 「中華帝國の'近代'的再編と日本」, 岩波講座 "近代日本と植民地 1", 『植民地帝國日本』에 수록 (岩波書店, 1992).

고 왔으며, 귀국 후 이 보고를 가지고 옴으로써 루스(留守) 정부 내에서의 '정한론'은 한층 세가 붙게 되었다. 그러나 소에지마 타네오미는 조선에 파견하는 대사로서는 외무경인 자신이 부임해야 한다고 주장했다. 이 소에지마 타네오미라는 외교관은 2년 전(1871년)에는 러시아와의 사이에서 치시마(千島)・사할린(樺太) 국경 문제의 교섭에 실패한 바 있으며, 그후 유명한 마리아 루스(Maria Luz)호 사건(1872년)에서는 페루와의 사이에 대립 관계를 초래했는데 러시아의 황제 알렉산더 2세에게 중재를 부추겨 일본측이 보호했던 마리아 루스호에 인신 매매용 상품으로 태워져 있던 중국인을 청일수호조규에 기초해 청나라에 인도하는 임무를 맡기도 했던 사람이다. 이를테면 그는 서구 열강의 '만국공법' 외교 교섭의 최전선에 서 있었던 사람이라는 사실을 상기할 필요가 있다. '만국공법'에 기초한다고 말하면서도 실제로는 군사력과 경제력에 의한 약육강식의 논리로 수행되어 가는 서구 열강의 외교 노선의 바로 그 현장에 있었던 소에지마와 같은 파워 엘리트였기 때문에 조금이라도 빨리 서구 열강과 동등한 위치에 서고 싶었던 것이다.

귀국한 이와쿠라 사절단의 면면들은 열강과의 사이에서 조약 개정의 곤란함을 직접 체험했을 뿐만 아니라 일본과 서구 열강 사이에 놓여 있는 군사력과 경제력의 결정적인 차이를 목격하고 온 사람들이었다. 이와쿠라 토모미(岩倉見視, 1825~1883)와 오쿠보 도시미치(大久保利通, 1830~1878)는 이 시점에서의 '정한론'에 강력하게 반대했다. 결과적으로 '정한론'을 제창했던 참의(參議)는 재야로 물러나고, 사이고 다카모리는 자신이 그때 막 창설한 근위병의 상당수를 데리고 가고시마(鹿兒島)로 돌아가버렸다.

그러나 물러난 참의 가운데 에토 신페이, 이타가키 다이스케, 고토 쇼지로, 소에지마 타네오미 등은 이듬해인 1874년 1월에「민선 의원 설립 건백서」(民選議院設立建白書)에 이름을 올리고, 서구 열강에 대해 저자세인 정부와 정치적으로 정면 대결하는 길을 택했다. 물론 '민선 의원'을 '설립'하는 것 자체는 바로 불평등 조약 개정의 조건이 되어 있는, 서구 열강이 요구하는 국가 체제에 다가가는 방책이었다.

'제국' 흉내 내기로서의 '타이완 출병'

그러한 내정 불안과 혼란을 수습하기 위해 1874년 5월에 이와쿠라 토모미와 오쿠보 도시미치를 중심으로 한 정부 수뇌는, 3년 전에 타이완 동남쪽 해안에 표착한 류큐선(琉球船)의 승무원 54명에 대한 살해 사건과 1년 전의 빗추(備中) 오다현(小田縣) 세이코군(誠江郡)의 4명의 타이완 동남쪽 해안 표착자에 대한 약탈 사건을 구실로 '타이완 출병'을 결행한다. 이러한 무력 행사를 가능하게 함에 있어 청나라측이 책임을 회피하기 위해 타이완의 '야만인'(生蕃, 사건에 관여했다고 하는 '고사족〔高砂族〕)을 "나라의 통치가 미치지 않는 곳의 백성"(化外의 民)이라고 위치 지은 것이 커다란 요인이 되었다. 만약 타이완 동남쪽 해안에 거주하는 사람이 '나라의 통치가 미치지 않는 곳의 백성'이라면, 그 장소는 '주인 없는 땅'으로서 군사력에 의한 식민지 지배가 정당화되기 때문이다. 일본측은 바로 '만국공법'의 논리를 행사했다.

조선 대신에 새롭게 발견된 '미개'와 '야만'이 '타이완 출병'이라는 최초의 대외적인 침략적 군사 행동을 가능하게 한 억지 버팀목이 되었던 것이다.

동시에 이 '타이완 출병'은, 청나라와 일본 사이에서 사실상 '양속'(兩屬) 관계에 있었던 류큐 왕국의 주민을 '일본국 속민'이라고 주장하는 말이 열기를 띠게 되면서, 결과적으로 야금야금 먹어 들어가는 식으로 류큐 왕국에 대한 일본의 단독 지배의 근거를 획득해 나아가는 계기가 되었다. 타이완에서 새롭게 발견한 '미개'와 '야만'에 의해, 후일 '류큐 처분'[18]으로 이어지는 류큐 제도(諸島)의 식민지적 영토화의 길을 여는 데 성공했던 것이다.

그리고 이 '타이완 출병'의 배후에서는, 에노모토 다케아키(榎本武揚, 1863~1908)가 러시아 제국과 사할린·치시마를 둘러싼 국경 확정 교섭을 행했고, 1875년(明治 8년) 5월 7일에는 '사할린·치시마 교환 조약'이 조인되었다. 그리하여 '일본국'은 타이완에 대한 군사 행동을 배경으로 하면서 남과 북의 영토적 경계를 확정했던 것이다.

남북의 국경을 그은 직후인 1875년 9월 일본은 반도에 대해, '흑선이 내항'했을 때의 페리를 모방한, 아니 그보다 한층 침략적인 군사 행동을 전개했다. 느닷없이 군함을 강화도로 몰아가 강화도 포대에 경고도 없이 일방적으로 공격을 감행(강화도 사건)했던 것이다. 일본은 이렇게 군사적 압력을 행사한 다음 조선에 개항을 강요하는, 말 그대로 '야만'적인 침략 외교를 통해 조선에 대해 불평등 조약을 밀어붙였고, 결국 서구 열강에 앞서 우격다짐으로 조선을 개국시켰다.

자신들이 서구 열강에 대해 불평등 조약의 개정을 한창 요구하고 있을 때, 그와 동일한 조약을 조선에 밀어붙이려는 욕망을 품은 이유는 무엇이었을까? 여기에서는 이 시기에 형성된 일본형 식민주의 의식 구조의 특질이 노골적으로 드러난다. 그것은 언뜻 보면 특수하게 일본적인 것으로 보이지만, 실은 '만국공법'적인 서구 열강에 의해 산출된 제국주의적 식민주의 자체가 원리주의적으로 형성하고 만 모방과 흉내(mimicry) 연쇄의 일환인 것이다. 동시에 이 시기의 대륙, 반도, 열도에서는 기본적으로 '만국공법'적

---

18) 에도 시대 말기, 아시아와의 무역을 위한 중계지가 필요한 서양 여러 나라가 일본에 대해 강제적인 개국을 강요하는 것에 대해, 에도 막부는 서구의 일본 진출을 류큐에서 저지하여 일본 국내의 안녕을 확보하려고 생각했다. 그러나 개국에 의해 각성한 일본은 에도 막부를 넘어뜨리고 유신 정부를 수립하여 근대 국가에 합류하려고 서둘렀다. 그 과정에서 1879년(明治 12년) 류큐 처분(류큐 왕국을 강제로 메이지 정부에 편입하는 것)이 단행되어, 사실상 류큐라는 왕국은 소멸되었다. '류큐 처분'은 일본의 아시아 인접국(타이완, 조선, 중국 등)에 대한 대외 팽창 정책으로서 인접국에 대한 침략의 한 계기가 되었다. 사실 당시의 정부 지도자, 군대의 고관들이 차례로 오키나와를 방문하여 군사적인 관점에서 '질서 통제의 유지'를 강하게 추진했다.—옮긴이.

관계와 '조공 외교'적 관계가 국소적인 편차의 비대칭성 속에 혼재하고 있었고, 그 혼재 속에서 '만국공법'적인 논리가 절대적으로 우세했던 것이다.

본래의 한민족(漢民族)적인 '중화'에서는 있을 수 없는 침략 왕조로서의 청조(淸朝)와 직접적인 '조공' 관계를 맺지 않았던 일본이 청나라와 거의 유사한 불평등 조약을 거의 같은 시기에 체결하게 됨으로써 결과적으로는 공교롭게도 서구 열강과 동시에 동등해졌다. 청나라와 일본 사이의 청일수호조규의 대등함이나 평등성은 어디까지나 서구 열강과의 불평등성에서 보전된 관계인 것이다.

그러나 그 대등함 속에서는 옛 대륙과 '조공' 관계를 맺고 있던 종속 관계의 기득권을 없앨 수 있게 된다. 속국을 독립시킨다는 논리에 의해 일본이 청나라의 권익을 빼앗을 수 있게 된 것이다.

'탈아론'적 식민주의의 형성

흉내(mimicry)와 양자 관계(affiliality)

'타이완 출병'에서 '강화도 사건'에 이르는 과정은 일본형 식민주의적 의식의 기본형을 형성하는 데 있어 특별한 의미를 갖는다. 1874년 1월 14일에 이와쿠라 토모미가 불평사족(不平士族)에게 습격당한 일로 인해 위기감을 느낀 오쿠보 도시미치와 오쿠마 시게노부는 2월 6일 「타이완 미개지 처분 요략」(臺灣蕃地處分要略)을 각의에 제출했다. 이 제안의 제1조에는 '타이완 원주민〔土蕃〕 부락은 청나라 정부의 정권이 미치지 않는 땅이며, 그 증거는 종래 청나라에서 간행한 서적에도 현저하고, 특히 작년에 전(前) 참의인 소에지마 타네오미가 청나라에 파견되었을 때 그 조정의 관리가 준 답변에도 분명하게 나타나므로 주인 없는 땅으로 간주해야 한다는 이치는 갖춰져 있다. 그러므로 우리 번(藩)에 속하는 류큐 인민을 살해한 일에 대해 보복해야 하는 것은 일본 제국 정부의 의무이며, 오랑캐 토벌의 공리(公理)도 여기에서 그 근거를 찾아야 한다"(강조는 인용자)라고 하여, '타이완 정벌'의 정당성을 '만국공법'적인 논리와 타이완을 '주인 없는 땅'이라고 간주'하는 것을 근거로 한 군사적 침략의 타당성으로 진술하고 있다.

서구 열강형(型)의 '만국공법'적 식민주의 담론의 변동 속에서 자신의 주체를 구성한 다음, 제2조·제3조에서는 '조공 외교' 담론의 변동 속에 있는 청나라와의 거래를 상정한 방침이 나타난다. 즉 청나라측이 "만약 류큐가 어디에 속하는지를 묻는"다면 "고래로 우리 제국 소속"이라고 주장하라, 나아가 "만약 류큐가 자국(自國)에 사신을 보내 조공을 바친다(遣使獻貢)는 이유를 들어 양속(兩屬)의 설을 주장하면"(강조는 인용자) 곧 논의를 그만두라, 왜냐하면 '류큐'가 '사신을 보내 조공을 바치는 것'은 '타이완 처분 후'에 그만두게 할 예정이기 때문이라는 논리이다.

한편으로는 서구 열강형의 '만국공법'적 식민주의를 모방하지만, 다른 한편으로는 '조공 외교'적 논리에 관해 다툴 필요가 없다는 듯 논의를 피하는 자세를 취한다. 동시에 청나라측이 타이완의 '야만인' 내지 '원주민'에 대해 '조공 외교'적 논리 안에서 '나라의 통치가 미치지 않는다'고 한 것을 이용해 역으로 류큐 사람들을 야금야금 '번속'(藩屬)으로 삼아 나아가는 논리는, '조공 외교'권에서 하나의 주체로서 관련되어 있던 류큐 왕국의 권한을 '만국공법'적 논리 가운데서는 문제삼지 않는다는 태도이다. 즉 서구 열강과의 관계에서 류큐 왕국의 귀속 관계를 불문에 붙이고, '조공 외교'권의 논리만이 아니라 '만국공법'적으로도 인지되고 있었던 류큐 왕국의 주권을 일방적으로 박탈한다는 전략이 취해졌던 것이다.

'만국공법'의 논리 속에서 '친자 관계'(filiality)를 가장한 형태로 서구 열강의 식민주의를 과도하게 흉내·모방하고, '양자 관계'(affiliality)로 들어가려는 방침이 더욱 강하게 되었던 것이 '강화도 사건'과 그것을 계기로 맺어진 조일수호조규(朝日修好條規)에 이르는 과정이었다. 사이드는 문화적 중심에 주변부가 그저 받아들여질 뿐만 아니라 마치 양자(養子)처럼 완전한 양자 결연을 맺어 그 일부가 되는 욕망을 가지고 과도한 모방을 하는 현상을 의식적인 '양자 관계' 만들기(affiliation)의 과정이라고 표현했다.[19] '오키나와'(沖繩)의 속지화(屬地化)를 내재시킨 '타이완 출병' 후의 '강화도 사건'은 그 과정을 여실하게 보여준다.

이미 말한 것처럼 정찰을 명목으로 일본 해군의 군함 운요(雲揚)호가 강화도에 접근해 강화도 포대로부터 공격을 유도했으며, 그것을 구실로 보복 공격을 하고 조선에 대한 개국 교섭을 전개하기에 이르는 계기가 되었던 1875년 9월의 '강화도 사건' 이후, 일본 국내에서는 재차 '정한론'을 주장하는 신문 논조가 강화되어 갔다. 또한 신문에 따라서는 주전론을 주장하기도 했다.

주요 문제는 조선을 청나라의 속국으로 보는 '조공 외교' 권 내의 논리와, 아니면 독립한 나라라고 볼 것인가 하는 '만국공법' 권의 논리 속에서 분열되어 있던 반도의 종속 관계에 대한 평가에 있었다.

사법성의 고문이었던 프랑스의 부아소나드(Gustave E. Boissonade, 1825~1910)는 조선이 청나라에 대해 완전한 속국도 아니고 또 완전한 독립국도 아니라는 판단을 제시하고, 우선 청나라와 교섭하는 가운데 승낙을 얻은 다음 조선을 독립국으로 인정하는 입장에서 '강화도 사건'의 책임을 묻는 편이 낫다는 조언을 해주었다. 분명히 이 논리는 보아소나드의 출신국인 프랑스가 1874년(明治 7년)의 '제2차 사이공 조약'에서 코오치 시나(Cochin-China)[20]의 서쪽 3성(省)을 병합하고 베트남을 사실상 보호국화했을 때의 외교 전술을 답습한 것이었다. 부아소나드는 '타이완 출병'을 둘러

---

19) 山形和美 옮김, 『世界・テキスト・批評家』(法政大學出版局, 1995).
20) 메콩강 하류의 저습지로 쌀의 집산지. 1858~1867년에 프랑스의 식민지였다.―옮긴이.

싼 베이징 재판에서는 오쿠보 도시미치를 수행해 류큐에 관한 의견서를 제출했으며, '만국공법'의 내실인 권력 정치(power politics)[21]의 틀에 일본을 거두어들이는 결정적인 역할을 했다고 할 수 있다.

1875년 11월 하순, 모리 아리노리(森有禮, 1847~1889)가 청나라에 부임했고, 12월에는 구로다 기요타카(黑田淸隆, 1840~1900)가 특명 전권변리대신(全權辨理大臣)으로 임명되었다. 1876년(明治 9년) 1월 15일, 6척으로 편성된 함대를 출동시키고 구로다 기요타카와 이노우에 가오루(井上馨, 1835~1915)는 부산으로 향했다. 분명히 페리가 일본에 개국을 강요했을 때와 마찬가지로 근대적인 해군력을 보란 듯이 내보이며 시위함으로써 상대측을 위압하려는 작전이 취해졌던 것이다.

2월 26일에 조인된 조일수호조규는 표면적으로는 "조선국은 자주국이며 일본국과 평등한 권리를 보유한다"고 하면서, 일본 선박에 의한 연안 측량의 자유, 개항장에서 일본 영사가 재판권을 갖는다는 치외법권, 수출입 비과세 등 명백히 조선에 대해 불평등한 조약이었다. 또한 조약 체결 후 협의 과정에서 미곡 수출입 허가 조항이 덧붙여짐으로써 조선에서 대량의 쌀이 일본으로 수출되게 되었고, 그후 이 조항은 반도에서의 농업 파괴와 식량 부족 현상의 커다란 요인이 되었다.

불평등 조약을 강요함으로써 일본은 조선에 대해 서구 열강과 어깨를 나란히 하는 위치를 확보했고, 장기간에 걸쳐 쇄국 정책을 취해 오던 조선을 결과적으로 서구 열강에 앞서 개국시켰다. 그러한 의미에서 페리로 대표되는 미합중국의 일본에 대한 외교 전략을, 일본은 조선에 대해 극히 고식적인 형태로 모방했던 것이며, 동시에 서구 열강의 대리인 역할(agency)을 수행했던 것이다.

그리고 결과적이긴 하지만 서구 열강과의 관계에서 이미 청나라와 대등

---

21) 오로지 국가적 이익이나 세력의 유지, 확장을 추구하는 정책을 말한다.—옮긴이.

한 관계에 있었던 일본은 조선과 불평등 조약을 맺음으로써 청나라와 조선의 종속 관계를 단절시키고, 사실상 '조공 외교' 시스템을 붕괴시켰다. 그것은 '류큐'를 둘러싼 '양속' 관계를 일본의 단독 지배 아래 두는 과정에서도 극히 중요한 기정 사실 만들기였다. 그러한 의미에서 일본이 '조공 외교' 권에 '만국공법'의 논리를 가지고 들어감으로써 옛 종주국으로서의 청나라의 위치를 모방하면서, 그 청나라가 종주국으로서 휘둘러왔던 '조공 외교' 권을 내부로부터 붕괴시켜 가는 서구 열강의 대리인 역할을 담당했던 것이다.

앞에서 언급한 사이드의 식민지화된 주변부에 나타나는, 종주국 문화와의 친자 관계를 가장한 양자 관계, 즉 '서구 열강보다 더 서구 열강답게 되는' 것에 대한 과도한 욕망이, 나중에 전쟁에 의해 식민지화되어 가는 타이완과 조선에 대한 일본측 외교 교섭의 장에 나타났다. 메이지 정부의 파워 엘리트인 전권대사(全權大使)를 필두로 하는 외교관들은 자신의 몸치장 방식에서부터 군함을 과시하고 군대를 거느리며 조선에 등장할 때의 스펙터클한 퍼포먼스에 이르기까지 서구 열강의 고압적인 자세를, 특히 페리의 그것을 과도하게 흉내·모방했던 것이다.

'부적절한 모방'에 의한 식민주의의 격화

논리적으로 생각한다면, 막부 말기에 맺었던 불평등 조약을 개정하고 서구 열강과 대등하고 평등한 관계가 되는 것이 국가의 지상 명제일 때, 오랫동안 우호 관계를 유지해 온 조선에 대해 군사적 위협을 가하여 불평등 조약을 강요하는 것은 완전히 불합리한 일이 되지 않을 수 없었다.

그러나 후쿠자와 유키치적인 '문명'·'반개'·'야만'(미개)이라는 삼극 구조의 논리 안에서는, '반개'는 '야만' 없이는 '문명'에 대해 '반개'일 수 없기 때문에 '야만'을 계속해서 날조하지 않는 한 자기의 위치를 유지할 수가 없다. '반개'로부터 벗어나 '문명' 권 안으로 들어가기 위해서는 서구 열강과 맺은 조약을 개정할 수밖에 없다. 그것이 현재의 권력 정치 안에서 늦추어지고 있는 동안은 주변 지역에서 '야만'('미개')을 계속해서 날조할 수밖에 없는 것이다.

이러한 '만국공법' 권 내부의 필요성에서만 조선을 '야만'('미개')으로 위치 짓는 것이 요청되었던 것은 아니다. '조공 외교' 권에서는 어떤 지역이 '중화'에 대한 '오랑캐'의 위치에 놓이는가 하는 것이 문제되지 않을 수 없다. 청나라와의 관계를 나가사키(長崎) 한 항구만의 무역에 한정했던 에도 막번 체제기에는 상대방이 비한민족(非漢民族)의 정복 왕조였던 만큼, 거꾸로 밖으로 닫힌 일본 내부에서도 소'중화' 의식을 강화하면서 조선의 사절단이나 류큐의 사절에 대해 '조공 외교' 권에서의 종주국에 대한 흉내·모방을 행할 수 있었다. 그런 의미에서 대륙의 '중화' 왕조에 대한 양자 관계를 욕망하는 계기는 일관되게 존재했다고 할 수 있다.

서구 열강과 맺은 불평등 조약을 중개하면서 청나라와 '대등'한 관계를 확립할 수 있었던 단계에서, 이러한 '조공 외교' 권적인 모방의 욕망을 완전하게 실현하기 위해서는 일본이 청나라로부터 '조공 외교' 권의 종주국 위치를 빼앗을 수밖에 없다. 그렇게 하기 위해서는 예전에 청나라와 종속 관계를 맺고 있던 지역을, 일본을 종주국으로 고정시키는 형태로 재편하지 않으면 안 된다. 당분간 그 욕망은 청나라에 대한 류큐 왕국의 '조공' 관계를 그만두게 함으로써 점차 실현해 나아갈 수가 있다. 그러나 일단 류큐가 일본 내부로 속지화된 단계에서는 다음 속지화 대상이 불가피하게 필요해지는 것이다.

호미 바바는 식민지화된 지역의 사람들이 종주국의 문화나 담론에 대해 '적절한 모방'을 강요받고, 결과적으로 종주국의 논리에 '점유'(appropriate)되고 마는 과정에 대해 '부적절한 모방', 즉 비켜놓거나 조소라는 패러디를 통해 자신들을 표현할 가능성이 있음을 보여주었다. 그런 의미에서 '부적절한 모방'은 하나의 탈식민주의적 담론의 논리적 가능성으로 제시된 것인데, 일본 식민주의의 발생을 생각하는 데 있어서는 덮어놓고 이 논리를 식민주의에 대항하는 것으로 위치 짓기는 곤란하다.

왜냐하면 일본에서의 식민주의적 의식의 발생은 '만국공법' 권의 논리에 대해서나 '조공 외교' 권의 논리에 대해서나 동시에 '부적절한 모방'을 행함으로써 성립했기 때문이다. 동시에 이 '부적절한 모방'은 '만국공법'의 표면상의 원칙인 주권 국가간의 조약에 의한 대등한 외교 관계라는 가면을 벗겨버리고, 약육강식의 군사적 위협에 의해 식민지화를 진행시켜 나아가는 권력 통치의 논리를 노골적으로 드러내버렸다. 결과적으로 일본이 '만국공법' 권에 양자적 대리인으로 참가함으로써 대리인에서 제국주의적 주체로 이행할 수 있게 되었고, 그것이 아시아 지역에서 서구 열강의 제국주의적 식민지 지배 경쟁을 가속화시키고 격화시켰던 것이다.

'류큐 처분'이라는 이름의 식민지화

일본이 류큐 왕국으로부터 외교권을 접수한 것은 1872년(明治 5년)의 일이었다. 그러나 당시 일본이 '주권 국가'가 되기 위해서는 남쪽 경계선이 확정되어야 했는데 그렇지가 못했다. 1871년의 '폐번치현' 다음 해에 일본의 류큐번으로 서서히 편입되어 갔던 류큐 왕국의 문제가 남아 있었던 것이다.

'타이완 출병'의 처리에 즈음해 류큐 사람들을 '일본국 속민'으로 하는 조항을 청나라와 교환한 일본은, 그후의 교섭 과정에서 류큐가 고래로부터 일본의 영토라는 것을 반복해서 주장했다. 즉 류큐 사람들을 '일본인'이라고 한 것이 영유(領有)의 유일한 근거가 되었던 것이다. 메이지 천황은 류큐의 국왕을 번주(藩主)로 삼아 화족(華族)으로 편입한 대가로, 당시까지 류큐 왕국이 서구 열강과 맺고 있던 일련의 조약을 일본의 외무성 관할로 만들었다. 그리고 '타이완 출병' 이후 번주에게 청나라와의 국교를 단절하라는 명령을 내렸다. 그러나 류큐 왕부(王府)는 계속해서 청나라와 '양속' 관계를 유지하는 입장을 취했다. 1877년(明治 10년)부터 도쿄에 부임해 있던 청나라 허루장(何如璋)과의 사이에서 류큐의 진공(進貢) 단절을 둘러싼 교섭이 이루어졌지만, 일본측은 허루장 공사의 외교 문서 가운데 예의에 어긋난 문구를 구실로 교섭을 중단시켰다.

그리고 1879년 3월 27일, 구마모토(熊本) 진대병(鎭臺兵)을 류큐에 파견해 일방적으로 폐번치현을 통고하고, 수리성(首里城)을 군사력으로 접수했다. 그리고 4월 4일에는 청나라를 무시하는 형태로 류큐번을 폐지하고 '오키나와현'(沖繩縣)을 설치한다는 조치가 전국에 포고되었다. 이것이 이른바 '류큐 처분'이다. 류큐 왕부의 '주권'을 짓밟은 것일 뿐만 아니라 청나라와의 외교 교섭에서도 전혀 타결을 보지 못한 상황에서의 폭거라는 형태로 '류큐 처분'이 행해진 것이다.

일본측의 일방적인 이 '처분'에 대해 청나라는, 류큐는 중국 및 각국으로부터 "일국(一國)임을 인정" 받고 있으며, 그것을 속지화하는 "귀국(貴國)은 뜻밖에도 남의 나라를 멸하고 남의 정사(正史)를 끊어놓으니, 이는 귀국이 중국 및 각국을 멸시하는 것이다"라고 항의했다. 이에 대해 일본 정부가 청나라에 보낸 설명서에서는, 그때까지의 반복에 불과한 역사적 귀속 관계만을 강조했다. 외무경(外務卿) 데라지마 무네노리(寺島宗則, 1832~1893)가 청나라 공사에게 보낸 문서의 별지 말미에는 '조공 외교' 논리에서의 '소속'이라는 개념과 '만국공법'의 논리에 따른 '일국'(一國)이라는 개념의 모순을 역이용해, "스스로 일국이 되면 곧 우리 나라 소속이 아니고, 이미 우리 나라 소속이라면 곧 스스로 일국을 이루는 것이 아니다. 둘은 서로 양립하지 않고 반드시 둘 중의 하나이다"고 중국측의 주장을 뒤집었던 것이다. 여기에서도 상이한 두 가지의 외교 논리 사이를 메우고 그 자체가 억지에

지나지 않는 주장을 마치 논리적인 것처럼 가장하며 줄타기하는 듯한 담론이 나타나 있다. 그리고 최종적으로는 "우리는 류큐에서 일찍이 이를 정복하고 교화했다"는 과거의 군사적 침략에 의한 영유를 사후적으로 정당화하는 논리를 내세우고 있는 것이다.

이 논리에서는 애당초 '만국공법'적인 국제법이 원래 내재하던, 서구 열강에 의한 '문명'이라는 이름 아래서의 '미개' 내지는 '야만'이라고 간주되는 지역에 대한 식민지 지배를 사후적으로 정당화하는 측면이 여실히 드러난다.

후쿠자와 유키치의 '문명'·'반개'·'야만'('미개')이라는 삼극 구조를 둘러싼 줄타기하는 듯한 논리는, 이렇게 주변 지역에서 '야만'으로서의 타자를 발견하고, 그에 비해 '반개'일 수밖에 없는 일본을 '문명'이라고 가장하지 않을 수 없는 연속적 상황을 만들어냈던 것이다. 그 '야만'으로서의 타자가 아이누 사람들이고 타이완의 '원주민'이며 류큐 사람들이었다.

하지만 '류큐 처분'이라는 형태로 류큐를 일본의 일부로 감싸 안은 이상, 류큐 사람들을 단숨에 '문명'화하지 않으면 안 되었다. 열도 내부에서 학제(學制) 발포 이후 국가의 가장 중요한 정책으로 추진하던 '문명 개화'라는 이름의 자기 식민지화가 '오키나와현'에서도 급속하게 진행되어 갔다. 오구마 에이지(小熊英二, 1962~)가 지적한 대로 "오키나와현이라는 이름으로 대일본제국의 일부로 편입된 오키나와에는 일본의 국민 교육이 행해졌다. 그것은 바로 오키나와 주민을 '일본인'으로 개조해 가는 작업이었다."[22]

결국 청나라와의 외교 교섭에서 '류큐 처분' 문제는 타결을 보지 못하고 청일전쟁에까지 넘어가게 된다. 다시 말해 '타이완 출병', '강화도 사건', '류큐 처분'이라는, 즉 군사력에 의한 위협을 통해 식민주의적 야망을 실현해 나아가려는 일본으로서는, 불평등 조약하에서 대등하게 된 청나라와의

---

22) 『'日本人'の境界』(新曜社, 1998).

모순이 '만국공법' 적 논리 속에서 점점 심화되어 가게 된다.

'반도'에서의 위기와 군비 확대 노선

청나라와 일본의 모순이 가장 현저하게 나타난 것은 1882년(明治 15년) 7월 23일에 발생한 '임오군란'이었다. 당시의 민씨 정권은 육군 소위 호리모토 레이조(堀本禮造)를 교관으로 하고 양반 자제들을 중심으로 한 새로운 군제(軍制)를 만들고자 군사 예산을 신식 군대에 전용했다. 그 결과 구식 군대 병사들에 대한 봉록미(俸祿米) 지급이 밀리게 되었다. 이 일로 인해 구식 군대의 하급 병사들이 반란을 일으켰는데 이것이 임오군란이다. 물론 그 배경에는 '강화도조약' 이후, 대량의 쌀이 무관세로 일본에 수출됨으로써 조선 반도에 식량이 부족하게 된 사태가 있었다.

구 조선군 하층 병사들의 폭동에는 한성의 가난한 사람들도 합류했으며, 일본 공사관도 습격을 당해 당시의 공사는 영국의 측량선으로 탈출해야 할 정도였다. 이 폭동에 의해 민씨 정권을 대신해 다시 대원군이 정치적 실권을 쥐고 반란을 진정시켰지만, 대원군은 8월 26일 조선에 출병한 청나라 군대에 의해 체포되었다. 당초에는 반일 폭동이었던 것이 그 시점에 이르러서는 청나라와의 싸움이 되었고, 결국 임오군란은 청나라 군대에 의해 진압되었다. 그때 일본측이 육군 대대를 이끌고 인천에 들어옴으로써 청나라와 직접 전쟁에 돌입할 가능성이 더욱 현저해졌다.

그러나 당시의 일본은 아직 청나라와 전면 전쟁을 벌일 준비가 되어 있지 않았으며 또한 국내에서는 자유 민권 운동이 고양되고 있기도 해서, 8월 30일에 제물포조약을 조인하는 것으로 그쳤다. 나카즈카 아키라(中塚明)에 따르면 "제물포조약에서 일본 정부는 당초의 요구를 실현할 수 없었지만, 범인의 포박, 배상금 지불 등을 약속하게 함과 동시에 공사관의 보호를 위해 일본군을 주둔할 수 있는 권리를 획득하여 조선에 대한 군사적 제압에 중요한 실마리를 잡았다. 청일전쟁에서 일본군이 출병한 것은 제물포조약의 이 규정을 근거로 행해졌다."[23]

이 사건을 계기로 조선을 둘러싸고 언제 청나라와 충돌이 벌어질지 모르는 위기 의식이 있었기 때문에, 이해 11월 일본 정부는 군비 확장·조세 인상에 관한 칙령에 근거하여 다음 해인 1883년(明治 16년)부터 육군에 연 150만 엔, 해군에 300만 엔의 군사 예산을 증액하기로 결정했다. 그 재원을 확보하기 위해 새로 취임한 대장경(大藏卿) 마츠가타 마사요시(松方正義, 1835~1924)는 이른바 '마츠가타 디플레이션' 정책[24]을 실시했다.

이 임오군란 당시 일본 국내에서는 조선에 대한 직접 침략에 대해서 여론이 분열되어 있었는데, 반드시 군사적 침략을 주장하는 쪽으로 기울어진 것은 아니었다. 상황이 크게 변한 것은 1884년(明治 17년) 12월에 발생한 '갑신정변'에 의해서였다.

갑신정변은 후쿠자와 유키치 등과도 관계가 있었던 김옥균, 박영효 등 독립당 지도자인 개화파 청년 지식인들이 왕비 민씨 일족과 사대당으로부터 정권을 빼앗은 쿠데타였다. 이 쿠데타는 일본의 다케조에 신이치로(竹添進一郎, 1841~1917) 공사를 통해 일본군의 지원을 받은 형태로 수행되었다. 이때 일본군이 경비를 서고 있던 경우궁(景祐宮) 안에서 왕비 민씨 일파의 중신(重臣)들이 암살되었다. 그 와중에서 궁정의 중신 남정계(南廷啓)가 청

---

23) 『近代日本と朝鮮』(三省堂, 1994).
24) 1877년(明治 10년) 2월 세이난(西南) 전쟁의 개전과 함께 정부는 그 전쟁 비용을 마련하기 위해 당시의 국립은행으로부터 1,500만 엔이라는 거액의 은행권(지폐)을 차입하고, 또 스스로도 2,700만 엔의 정부 지폐를 발행했다. 그 결과 국내에 유통되는 지폐가 1년에 40퍼센트나 증가해 심각한 인플레이션을 일으켰다. 물가의 급등으로 서민들의 생활이 어려워지자 사회 불안이 높아갔다. 그래서 1881년(明治 14년) 10월, 대장경에 취임한 마츠가타 마사요시는 당시 전국에 153개나 있던 국립은행의 지폐 발행을 정지시키고, 다음 해에는 일본은행을 설립하여 여기에 지폐 발행 권한을 집중시켜 통화 제도의 통일을 꾀했다. 그리고 인플레이션의 원흉이 되었던 각 국립은행 지폐를 폐기해 가면서 통일 지폐로서의 일본은행권을 새롭게 발행했는데, 그때 통화의 시중 유통량을 감소시키고 물가의 하락을 목표로 하는 디플레이션 정책을 취했기 때문에 이를 '마츠가타 디플레이션 정책'이라고 하는 것이다. ― 옮긴이.

나라 주둔군에 국왕 구출을 부탁하였는데, 위안스카이(袁世凱)가 인솔하는 청나라 군대가 일본군과 교전을 벌여 왕궁을 점거함으로써 이들의 쿠데타는 실패로 끝나고 말았다.

이 사건을 통해 자유민권파의 신문 논조는 급속하게 국권 확장론으로 기울어져갔다. 『지유신문』(自由新聞)은 「일본의 무력을 온 세계에 보여줘야 한다」(12월 27일)는 사설을 실어 조선에 대한 침략론을 전개했으며, 『지유토』(自由燈)는 「각오는 됐는가」(12월 27일)라는 사설에서 도요토미 히데요시(豐臣秀吉)의 '조선 정벌'에 비하면서 '정한론'을 부추겨대었다.

청불전쟁과 '조공 외교' 권의 붕괴

이 시기 자유민권파를 포함한 일본의 여론이 갑신정변에 대해 과도하다 싶게 침략주의적 반응을 보인 최대의 이유는, 1884년(明治 17년) 8월부터 이듬해에 걸쳐 선전 포고도 없이 벌어진 '청불전쟁'이 일본 국내의 신문에 대대적으로 보도되고 있었기 때문이다. 청불전쟁은 신문 독자를 중심으로 형성되어 있던 일본의 여론에 아시아 지역에 대한 서구 열강의 지배 정책이 결정적으로 전환되고 있다는 인상을 심어주었던 것이다.

일본 신문의 보도에서 이 전쟁의 발단은 '안난스 사건'(安南事件)이라고 불린 사건에 있었다. 앞에서 말한 것처럼 프랑스는 1874년의 단계에서 청나라에 대한 '조공'국인 베트남을 보호국화하고 있었다. 1882년 프랑스의 광산(鑛山) 조사대가 송코이강 유역에서 조사를 벌이는 것에 대해 태평천국의 난에 참가한 류용푸(劉永福)의 흑기군(黑旗軍)이라는 사병(私兵)들이 방해했다는 구실로, 프랑스군은 하노이를 군사적으로 제압했다. 당초에는 흑기군과 프랑스 군 사이의 군사적 충돌이었지만, 하노이 점령 후 '조공 외교'의 종주국이었던 청나라의 정규군이 윈난성(雲南省)과 광시성(廣西省)에서 베트남으로 진공했다. 이른바 '양무 운동' 과정에서 근대적 장비를 갖추었던 청나라 군대의 첫 대외 전쟁이 벌어지려고 했던 것이다. 리훙장(李鴻章)은 북베트남을 중립 지대로 하는 방향으로 평화 교섭을 진행했지만, 프랑스는 베트남 침략을 본격화하여 1883년(明治 16년)에는 후에(順化) 조약에 의해 베트남을 완전히 보호국으로 만들어버렸다.

이 사태는 청나라를 종주국으로 하는 '조공 외교'적 종속 관계가 완전히 무효라는 사실을 확정해 주는 사건이었다. '만국공법' 권에 속해 있던 대국 프랑스가 '만국공법'의 틀 안에서 '조공'적인 속국을 청나라로부터 '독립' 시키는 형태로 떼어놓은 뒤 국가 주권을 박탈하는 식으로 보호국으로 만들었다가, 최종적으로는 식민지로 속지화하는, 새로운 형태의 아시아 지배가 확립되었던 것이다.

프랑스가 베트남에 대해 취한 식민지 지배의 과정은 분명히 '류큐 처분' 때 일본이 청나라에 대해 취한 과정을 모방한 것이며, 그후 일본은 러일전쟁의 과정에서 조선에서도 동일한 과정을 실천했다.

이러한 역사적 사실에 비추어볼 때, 아시아 대륙의 남부 그리고 동남부의 반도와 열도 지역에 대한 서구 열강의 제국주의적 식민지 지배를 가속화하고 격화시켰던 것은, 이러한 불평등 조약 체제로부터 한창 탈출하려는 동북부 열도의 정권이 제국주의적 침략 경쟁에 모방적으로 참가하려고 했기 때문이다. 조약상으로는 서구 열강과 같은 수준의 '만국공법' 권적인 제국주의적 주체가 되지 않았음에도 불구하고, 일본은 아시아 주변 지역에 대해서는 군사적 위협을 중심으로 하는 퍼포먼스적 몸짓에 의해 서구 열강적 '주체'를 모방·흉내 냄으로써, 결과적으로 '조공 외교'적 종속 관계를 최종적으로 해체하는 서구 열강의 대리인 역할을 훌륭하게 수행했던 것이다.

리훙장은 베트남에 대한 프랑스의 보호권을 인정하고, 청나라 정규군을 국경까지 철퇴시키는 방향으로 교섭을 진행했지만, 병사 철수를 둘러싼 오해가 원인이 되어 현지에서는 전투 상태가 되었다. 1884년 8월 23일에는 프랑스 해군의 철갑 함대가, 목제 함대로 편제되어 있던 청나라의 푸젠(福建) 함대를 십 몇 분 만에 전멸시켰다. 나아가 프랑스 군이 타이완을 봉쇄함으로써 전투 상태는 헤어나기 힘들 정도가 되었고, 드디어 1885년 6월 9일에 리홍장이 준비했던 방향으로 톈진조약의 조인이 이루어졌다. '양무 운동'에 의해 '근대적 전쟁 장비'를 갖추었을 청나라 정규군은 프랑스의 최신예 해군에 잠시도 버티지 못하고 패하고 말았던 것이다. '조공 외교' 권에서의 종주국 청나라는 속국의 군사적인 위기를 방어할 수가 없다는 군사적 약체성을 뚜렷하게 폭로하고 말았다.

갑신정변은 바로 이러한 청나라를 중심으로 하는 '조공 외교' 권이 서구 열강의 군사력 앞에서 요란하게 무너지려는 기회를 틈타 일어난 쿠데타였다. 반도의 정권에서 왕비 민씨 일족을 중심으로 한 사대당이 청나라에 의존하고, 개혁파인 김옥균 등의 독립당이 일본을 후원자로 삼았다는 것은, 단적으로 말해서 반도의 정치가 청나라와 일본의 간섭적 권력 정치의 대리 투쟁이 되었다는 것을 노골적으로 드러낸 것이다.

쿠데타가 결행된 1884년 12월 4일의 시점에서, 독립당측은 청불전쟁이 격화됨에 따라 청나라 세력이 조선에 대해 허술해졌다는 정세 판단을 하고 있었다. 하지만 한성 부근에서의 청나라 군대와 일본군의 전투 능력은 분명히 청나라 군대가 앞서 있었다. '군인칙유'(軍人勅諭)가 발포된 1882년(明治 15년) 이후 마츠가타 마사요시의 디플레이션 정책 속에서 수행된 군비 확장 8개년 계획의 2년째 시점의 여론에서 이 사건은 아직 일본이 청나라에 미치지 못했다는 증거로 받아들여지고 있었다. 일본측은 갑신정변 당시 일본 공사관의 소실을 비롯한 일련의 피해에 대한 처리 문제를, 조선과 '한성조약'을 맺어 사죄와 배상금을 끌어냄으로써 청나라와 직접적인 대결을 회피했던 것이다. 쿠데타의 주모자 김옥균은 일본으로 망명했으며, 이는 일본이 받아들인 최초의 정치 망명이었다. 그러나 조선 정부의 반복된 인도

요구를 일본이 거부함으로써, 김옥균의 존재는 후일 청일전쟁의 먼 원인이 되기도 했다.

'탈아론' 적 왜곡

갑신정변의 사후 처리에 반발하는 학생을 중심으로 한 정치 행동과 함께 밝은 1885년(明治 18년) 3월 16일, 후쿠자와 유키치는 「탈아론」(脫亞論)을 『시사신보』(時事新報)의 사설로 발표한다. 그 앞머리에서 후쿠자와는 '동점(東漸)의 세(勢)'가 격렬한 '서양 문명'을 '홍역의 유행 같다'고 파악한다. "현금 도쿄의 홍역은 서쪽 나가사키 지방에서부터 동점하여 봄날의 따뜻함과 함께 점차 만연하는 것 같다"는 표현에는 세이난(西南)전쟁[25] 후 규슈로부터 전국으로 확산된 콜레라의 유행에 대한 기억을 독자에게 환기하려는 의도가 읽혀진다. 다시 말해 후쿠자와 유키치는 '서양 문명'의 타자성을 병에 대한 비유를 통해 표상하고 있는 것이다. 그러나 이러한 비유를 사용한 직후에 "이 유행병의 해악을 싫어해 이를 막으려고 해도" "그 수단"은 없다고 단언한다.

후쿠자와 유키치는, 설령 나쁜 '유행병'이었다고 해도 그 '만연'을 막는 '수단'이 없는 이상, 오히려 "그 만연을 도와 국민으로 하여금 빨리 그 기풍을 받게 하는 것이 지혜로운 자의 일일 것이다"라고 하여, 논리적으로는 거의 패배주의적 억지일 수밖에 없는 주장을 펼친다. 질병과 같은 타자성이었다고 해도 그것을 막는 방법이 없는 이상, 오히려 적극적으로 감염되어, 일단 면역이 생기게 해서 재출발해야 한다는 것이리라. 그리고 그것에 이어서

---

[25] 1877년(明治 10년), 사이고 다카모리(西鄉隆盛)를 중심으로 한 가고시마(鹿兒島) 사족(士族)이 일으킨 반란. 메이지 6년, 정한론에 패배한 사이고 다카모리는 모든 관직을 버리고 귀향, 사학교(私學校)를 세우고 제자 교육에 임했는데, 사학교의 생도들은 정부의 개명(開明) 정책과 사족 해체 정책에 반대하여 1877년 2월 사이고 다카모리를 옹립해 거병했다. 정부는 곧바로 징병령에 의한 군대를 앞세워 이를 진압했다. 이해 9월 24일 사이고 다카모리를 비롯한 지도자는 대부분 자결했고 난은 평정되었다. ― 옮긴이.

'문명'을 받아들인 것이 '국민'에게 "활발한 기풍을 촉진"하게 해서 "진보의 길에 가로놓인" "고풍노대(古風老大)한 정부"를 "폐멸"(廢滅)시켰다고 메이지 유신을 재정의한다.

"세계 문명의 훤화번극(喧譁繁劇)", 즉 '만국공법'적 약육강식의 권력 정치 논리 안에서 "동양의 고도(孤島)가 홀로 잠들어 있는 것"은 '허용'되지 않기 때문이다. 타자성일 수밖에 없는 '서양 문명'이라는 '유행병'에 몸을 던져 감염되어 감으로써 서구 열강이 형성한 세계적인 규모의 제국주의적 권력 정치의 틀 안에서 이겨낼 수 있는 '나라'를 유지하기 위해, '정부'=막부를 무너뜨리고 "황실의 신성 존엄에 의뢰하여" "신정부를 세웠"다는 메이지 유신에 대한 재정의는, 그런 의미에서는 극히 정확할 것이다. 막부가 서구 열강과 맺은 불평등 조약을 개정해 나아가는 그 '대의'는 허가를 내지 않았던 '황실'에밖에 없었으며, 민권파도 그 '황실'을 배경으로 사츠마·쵸슈 번벌 정부의 저자세 외교 노선을 비판하며 '대외 강경론'을 주장할 수 있었던 것이다.

후쿠자와 유키치가 주장한 '탈아론'에서의 비유적인 논리 구조가 정합성과는 정반대의 모순을 명백하게 드러낸 것이라는 사실은 분명할 것이다. 만약 '서양 문명'이 '유행병'이라면 그것에 감염되기 전의 건전한 신체가 있었을 터이고, 또 만약 병에서 회복하면 원래의 신체로 돌아갈 텐데, 그 부분은 지워져 있는 것이다. '유행병'으로서의 '서양 문명'에 감염되는 것은 불가피한 것이고, 막을 '수단'은 없는 것이다. 이를테면 '서양 문명'은 그것으로부터 아무도 완전히 도망치지 못하고 병에 걸리고 마는, 피할 수 없는 병이라는 것이다. 그리고 원래대로 돌아가는 법도 없다.

'서양 문명'이라는 '유행병'적 타자성을 그렇게 불가피하고 불가역적인 것으로 담론화하는 데에 후쿠자와 유키치의 특징이 있다. 즉 병에 걸렸음에도 불구하고 그 병과 그 이전의 건강했을 신체를 망각하고 감염 후의 삶을 살아간다는, 곧 병의 은폐인 것이다. 그것은 콜레라 소동 이후의 의학이나 위생학의 담론과 연동하면서 간신히 국내에서의 자기 식민지화 문제를 은폐하는 담론 장치로서 기능했다.

그리고 일단 병에 걸린 '서양 문명'이라는 '유행병'이 "유해하기만 한 유행병이라 해도, 여전히 그 기세에 격해져서는 안 된다. 하물며 이해(利害)가 동반되며 항상 많은 이익이 있는 문명에 있어서야 말할 것도 없다"는 식으로, '문명'을 해악만이 아니라 이익이 많은 '병'으로 재정의함으로써, 그 다음은 '문명' 대 '구투(舊套, 야만)'라는 이항 대립주의로 훌륭하게 변동되어 간다.

'국민 정신'의 지정학

'문명', '활발', '진보', '독립'에 적대하는 '고풍노대한 정부'일 수밖에 없는 '구 정부'로서의 막부는 '폐멸'하지 않으면 안 되었다는 논리로 메이지 유신이 재정의된다. 게다가 "일체 만사 서양의 최근 문명을 취해 오직 일본"만이 "구투(舊套)를 벗었다"고 십수 년간에 걸친 '문명 개화' 제1단계의 과정을 평가하고, 제2단계인 "아시아 전대륙 안에서 새롭게 한 기축(機軸)을 이루어 주의(主義)로 삼는 바"의 '탈아'가 주장되기에 이른다.

후쿠자와 유키치는 "우리 일본의 국토는 아시아의 동쪽 끝에 있지만 그 국민의 정신은 이미 아시아의 고루함을 벗어나 서양의 문명으로 옮겨갔다"고 하면서, "우리 일본"만이 "국민의 정신"에 있어서 "아시아의 고루함을 벗어"났다며 특권화하고 있다. '아시아의 동쪽 끝'에 '국토'가 있다면 지정학적으로는 가장 늦었을 테지만, '국토'의 지정학이 아니라 '국민 정신'의 지정학에서 말하면 이미 '탈아'를 이루었다는 말이다.

여기서 주목해야 할 것은 후쿠자와 유키치가 국력으로서의 경제력이나 군사력에 대해서는 문제삼지 않고 '정신'만을 특화하고 있는 점일 것이다.

실제로 갑신정변이 일어난 시점에서 일본의 경제력이나 군사력도 청나라보다 뒤떨어져 있었다는 것은 분명하고, 그랬기 때문에 김옥균 등의 쿠데타도 '삼일천하'로 끝나고 말았던 것이다. 후쿠자와 유키치가 특권화할 수 있는 것은 학교 교육을 통해 '문명 개화'라는 이름의 자기 식민지화를 철저하게 한 결과 '아시아의 고루함'에서 벗어난 '정신'뿐이었던 것이다. 물론 그 '정신'의 내실은 '국민의 정신'이라기보다는, 오히려 '만국공법' 권의 약육강식의 외교 논리를 내면화하고 서구 열강에 앞서 반도에서 그것을 실천하여 대륙의 정규군과의 직접적인 군사 대결 위기를 야기한 일 외에는 없었다.

서구 열강의 일각인 프랑스에 의해 대륙과 남쪽 반도와의 '조공 외교'적 종속 관계가 무효가 되고 '만국공법'적인 종속 관계, 즉 종주국의 군사력에 의한 속국 영토의 직접 지배로 이행한 것에 대해 '조공 외교'적 종주국인 청나라가 군사력을 파견해 대결한 전쟁이 청불전쟁이었다면, 갑신정변은 일본군이 군사력에 의해 북쪽 반도에 친일 정권을 날조, 결국에는 보호국으로 만들어 식민지화하려는 기도였다. 적어도 북쪽 반도에서는 청나라 정규군이 군사력에 의해 '조공 외교'적 속국을 지켰으며, 그 결과 '조공 외교' 권의 논리가 '만국공법'적 종속 관계로 이행해 버렸다는 아이러니컬하지만 필연적인 결과를 초래했던 것이다. 그러므로 후쿠자와 유키치가 의거할 수 있는 것은 '국민의 정신' 밖에 없었던 것이다.

후쿠자와 유키치는 "하나는 지나라고 하고, 하나는 조선이라고 한다", '근린'에 있는 '두 나라의 인민'은 "고래로 아시아식의 정교풍속(政教風俗)" 안에서 '일본 국민'과 마찬가지로 살았지만 "그 인종의 유래를 각별히 한 것인지" 아니면 "유전(遺傳) 교육의 취지와 다른" 이유에서인지, '일본'과는 전혀 다른 방식으로 나아간다고 말한다. 즉 "개진(改進)의 길을 알지 못하고" "고풍의 구습에 연연하는 정(情)"에 있어서, 그리고 '유교주의'에 기초하는 '외견의 허식'에만 집착하는 점에서, 이 '두 나라', 즉 "지나와 조선의 유사한 모양"은 극히 대단하고 "지나와 조선이 일본보다는 가까운" 상황에 있다는 것이다. 자신의 견해로는, 이대로 가면 이 두 나라는 "문명이 동점"하는 가운데 "독립을 유지하는 길이 있을 수 없으며", "수년이 지나지 않아 망국이 되어 그 국토는 세계 문명 제국의 분할로 돌아갈 것에 한 점 의심도 없다"고 후쿠자와는 판단했던 것이다.

다시 말해 '조공 외교' 논리에서의 속국인 베트남이나 조선을 프랑스와 일본의 '만국공법'적 식민지 침략으로부터 지키려고 한 점에 대해, 후쿠자와 유키치는 그것을 '유교주의'에 집착하는 비 '문명'적 정치 노선이라고 비판한 것이다. 청나라나 조선에 '유교주의'라는 딱지를 붙이고 그 '미개'함이나 '야만'을 모멸적으로 공격하는 담론은 그후 반복해서 나타나게 되지만, 그것들은 오로지 '만국공법'적 논리로 자기 식민지화한 일본의 식민지적 무의식과 식민주의적 의식을 비정합적으로 합리화하기 위한 틀로 기능했다.

자기 오리엔탈리즘의 시선

또 한 가지 중요한 것은 '지나와 조선'이 '일본'과 결정적으로 다름에도 불구하고(후쿠자와 유키치가 그렇게 강변하고 있는 것에 지나지 않지만), 후쿠자와 유키치가 "서양 문명인의 눈"에서 보면 이 "삼국의 지리(地利)가 상접(相接)하므로 때로는 이를 동일시하고, 지나와 조선을 평하는 값어치로서 우리 일본을 평가하는 의미가 없지 않다"는 주장을 전개하고 있다는 사실이다. 후쿠자와 유키치가 두려워한 것은, '일본'이 서구 열강의 오리엔탈리즘적 시선에 의해 '지나, 조선'과 동등하게 취급되는 일이었다.

'지나와 조선'의 정치가 '전제'적이고 '법률'에 따른 사회가 아니기 때문에, '일본' 역시 마찬가지로 '서양 사람들'로부터 '법률이 없는 나라'라고 생각되고 마는 것이 두려웠으며 싫었던 것이다. '일본인'은 '서양의 학자로부터 '지나와 조선' 사람들이 비'과학'적인 것과 마찬가지로 그렇게 보이는 것, '지나인'의 '비굴'함이나 '조선인'의 '참혹'함 그리고 '근린'의 '잔인무도'함과 '동일시'되는 것을 용납할 수 없었던 것이다.

여기에서 후쿠자와 유키치의 『문명론의 개략』(文明論之槪略)에 나오는 '문명'·'반개'·'야만'이라는 삼극 구조에서의 '반개'가 '문명'과 '야만'으로 나누어졌던 것이다. 결국 20년 전까지 '일본'이 속해 있던 '아시아식의 정교풍속'을 철저하게 '구투', '고루', 비'개진', 비'진리', 비'도덕', '잔혹과 몰염치'라며 모멸하고, 현재의 '일본'으로부터 결정적으로 단절함으로써 더욱 '문명'에 가까운 '반개'의 위치를 확보하려고 했던 것이다. 갑신정변 후의 '일본' 신문을 중심으로 한 여론이 과도하게 아시아를 멸시하게 되는 최대의 원인이 여기에 있었다. 그리고 후쿠자와의 이러한 주장이야말로 무엇보다도 '서양 문명인의 눈'에 대해 '외견의 허식'에 가득 차 있는 것이라는 사실은 더 말할 것도 없다.

후쿠자와 유키치의 결론은 이렇다. "오늘날 일을 꾀함에 있어 우리 나라는 이웃 나라의 개명(開明)을 기다려 함께 아시아를 일으키는 여유가 있어서는 안 된다. 오히려 그 대오를 벗어나 서양의 문명국과 진퇴를 같이하고, 지나와 조선과 접촉하는 방법도 이웃 나라인 까닭에 특별히 배려할 필요는 없다. 바로 서양인이 이를 대하는 식에 따라 처리해야만 한다. 악우(惡友)를 사귀는 자는 함께 악명을 면할 수 없다. 나는 진정코 아시아 동방의 악우를 사절할 것이다."

전쟁을 할 수 있는 '국가'에 대한 욕망

'문명'과 '구투'로서의 '고루'함, 즉 계속해서 '야만'과 '미개'에 머무는 자와의 이원론을 중심으로 구축되어 가는 식민주의적 이항 대립주의 담론이 최종적으로는 선과 악의 이항 대립으로 수렴되어 가는 너무나 전형적인 사례가 '탈아론'이다. 그리고 '유행병'이라는 비유로 언급되었던 '문명'이 선인가 악인가 하는, 합리적인 사고에서 당연히 물어져야 할 그 문제가 그 순간 사고 정지의 심연에 떨어지고 만다. 역시 프레드릭 제임슨(Fredric Jameson)이 말하는 정치적 무의식이 구조화되는 전형적인 예이다.

그러한 의미에서 '서양 문명인의 눈'으로 보았을 때 후쿠자와 유키치의 '탈아론'의 적용 범위는, 이후의 '대일본제국헌법'의 발포(1889년)와 1881년(明治 14년) 메이지 천황에 의해 약속된 국회 개설(1890년)에 의해 청나라나 조선과는 다른 입헌 국가로서의 '외견'을 갖출 정치 일정을 분명히 포함하고 있었다.

또한 '군인칙유'(軍人勅諭)로 헌법 밖에서 통수권을 획득한 메이지 천황이 '대일본제국헌법'과 '국회 개설'에 의해 그 절대적인 권력을 위협받았던 것에 대항하여, '대일본제국 신민'의 '국민 정신'을 '교육칙어'에 의해 통괄하지 않으면 안 된다는 사태의 필연성도 분명히 해두었다.

'대일본제국헌법' 자체가 서구 열강 제국주의와 맺은 조약을 개정하기 위해 불가결한 '태서식(泰西式) 법전'의 요점이었으며, 서구 열강의 논리에 의한 자기 식민화의 증좌였던 것이다.

서구 제국주의 열강의 논리로 자기 식민지화해 나아가는 과정을, 국내적으로는 '문명'과 '진보'의 이름에 의해 서구 열강과 대등하게 되는 것이라고 강변하며 내셔널리즘을 부추겨가는 자기 모순. 내셔널리즘이 자기 모순적이기 때문에 그 모순을 감추기 위해 청나라에 대한 적개심을 선동하면서 조선 반도에 대한 식민주의적 침략의 야망으로 돌리고 군비 확장을 위한 대대적인 증세(增稅)를 신민(臣民)에게 강요해 나간다는 또 하나의 모순. 야마가타 아리토모(山縣有朋, 1838~1922)가 제1회 제국의회(1890년 11월)에서 조선 반도야말로 '대일본제국'의 '생명선'[利益線]이라고 연설한 그 담론은 식민지적 무의식과 식민주의적 의식이 매개 없이 결합한 현상인 것이다.

서구 열강과 마찬가지로 일본의 욕망은 '만국공법' 권에서의 종주국이 되기 위해 속국이 될 만한 지역에서 전쟁을 할 수 있게 되는 '보편의 나라'가 되는 데에 있었다. 그러한 의미에서 이 욕망은 2001년까지도 형태를 바꾸지 않고 계속해서 살아 있다. 최초의 제국주의 전쟁인 청일전쟁에서 '대일본제국' 천황의 이름 아래 청나라에 선전 포고를 할 수 있게 되었던 것은 바로 '대영제국'과의 사이에서 불평등 조약의 개정이 실현되었기 때문이다.

이때 '아시아'에서 서구 열강 제국주의의 대리인으로서 '대일본제국'은 '외견' 상 제국주의적 주체(subject)가 되고, 그후 얼마 동안은 아시아에서의 러시아제국과 대영제국의 대립에서 영국측 대리인으로서의 역할을 계속해서 수행해 가게 된다.

식민지적 무의식에 대한 대항 담론

'회전' 과 '소회전'

'일본인의 눈'

청일전쟁의 승리와 그후의 이른바 '삼국 간섭'을 거치면서 몇 겹으로 굴절된 일본의 식민지적 무의식과 식민주의적 의식의 상호 보완 관계를 표상한 표현자의 한 사람으로 소세키(漱石), 곧 나츠메 긴노스케(夏目金之助)가 있다.

다이이치(第一)고등학교에서 제국대학으로 진학했지만 졸업 후 중학교와 고등학교의 교사가 되었던 나츠메 긴노스케는 1900년, 제1회 문부성 관비 유학생이 되어 영국에 유학함으로써 엘리트 코스에 복귀한다.

20세기 첫해를 '대영제국'의 수도 런던에서 맞이한 나츠메 긴노스케는 1월 22일 빅토리아 여왕의 죽음과 조우한다. 여왕의 장례와 마주친 다음날인 1901년 1월 27일, 나츠메 긴노스케는 일기에 "밤, 하숙집 3층에서 곰곰이 일본의 앞날을 생각한다. 일본은 진지해져야 하고 일본인의 눈은 더욱 커져야 한다"라고 적고 있다.

소설가 나츠메 소세키가 탄생하는 데에 런던 유학이 작용한 결정적인 의미는 이 "일본인의 눈은 더욱 커져야 한다"는 인식의 획득에 있다. '일본의 앞날', 즉 '문명 개화', '부국강병', '식산흥업'(殖産興業) 그리고 '탈아입구'(脫亞入歐)의 중심적인 모방 모델의 하나가 된 것이 '대영제국'이었다. 빅토리아 여왕의 죽음은 그 '일본의 앞날'을 체현하고 있는 '대영제국'의 쇠퇴 징조를 확실히 드러낸 사건이기도 했다.

19세기의 끝과 20세기의 시작을 런던에서 경험한 나츠메 긴노스케는 그때까지 그 안쪽에 귀속해 있던 '대일본제국'의 '전도'(前途)를 바깥쪽으로부터 보는 '눈', 동시에 '일본의 전도', 즉 미래의 목표가 되었던 '대영제국'이라는 외부의 현재를 그 내부로부터 보는 '눈'을 획득한 것이다.

예컨대 그 '눈'은 현실을 다음과 같이 보고 있다. 다음은 1901년 4월 19일자로 병상의 마사오카 시키(正岡子規) 앞으로 보낸 사신(私信)이며 '소세키'라는 이름으로 공표된 최초의 산문이 되었던 「런던 소식」의 한 구절이다.

> 러시아와 일본은 전쟁 직전의 상태에 있다. 지나(支那)는 천자(天子)가 피난의 욕을 당하고 있다. 영국은 트랜스부르의 금강석(다이아몬드)을 채굴해 군비의 구멍을 메우려 하고 있다. 이 다사(多事)한 세계가 밤낮없이 회전(廻轉)하고 파란을 낳고 있는 사이에, 내가 사는 이 작은 세상에도 작은 회전과 작은 파란이 계속되고 있다. 계속 일어나고 있다.

여기에는 극히 명확하게 동시대의 세계 정세를 파악하고 있는 '일본인의 눈'이 있다.

청일전쟁과 '삼국 간섭' 이래 '러시아제국'과 '대일본제국'의 관계는 언제 전쟁이 일어나도 이상할 것이 없는 일촉즉발의 상태에 있었다. 뤼순(旅順)과 다롄(大連)이라는 중요한 항만 도시를 조차(租借)라는 이름 아래 식

식민지 무의식에 대한 대항 담론 65

민지적으로 지배한 러시아와, 랴오둥(遼東)반도 영유에 실패한 일본의 제국주의적 식민주의가 정면으로 대립하고 있었다.

청일전쟁 후 청나라는 시모노세키(下關)조약(1895년)에 의해 조선이 독립국임을 인정하게 되었고, 랴오둥반도, 타이완, 펑후다오(澎湖島)의 할양을 약속하게 되었으며, 일본에 2억 냥(엔화로 약 3억 엔)의 전쟁 배상금을 빼앗겼다. 일본에 랴오둥반도의 영유를 포기할 것을 권고한 '삼국 간섭'의 결과, 앞의 러시아와 함께 독일이 자오저우완(膠州灣)을, 프랑스가 광저우완(廣州灣)을 조차했다. 이를 이용해 '대영제국'은 웨이하이웨이(威海衛)와 주룽(九龍)반도(新界)를 청나라로부터 빼앗았다. 말 그대로 '지나'는 제국주의 열강에 의해 '천자가 피난의 욕'을 당했던 것이다.

나츠메 긴노스케가 몸을 두고 있던 '영국'은 트란스발공화국과 오렌지자유국에 대해 금광과 다이아몬드('금강석')의 권리를 손에 넣기 위해 국제 여론의 비난을 무릅쓰고 제국주의의 약탈성을 드러낸 '보어전쟁'(1902년)을 한창 전개하고 있었다.

런던의 나츠메 긴노스케는 '밤낮없이 회전'하는 '다사한 세계'의 '파란'과 자신이 생활하고 있는 장소인 '작은 세상'에서의 '작은 회전'과 '작은 파란'을 밀접하고 불가분한 관계 속에 두고 볼 수 있는 '일본인의 눈'을 획득했던 것이다.

'진보'에 대한 의심

이 '눈'의 중요한 특질로서 간과해서는 안 되는 것은 실제로 발생하는 사건이나 일로서의 '파란', 세계적인 차원에서의 '파란'과 개별적인 '나'라는 개인과 관계되는 '작은 파란'이 모두 '회전' 내지는 '작은 회전' 속에서 '일어나고 있다'는 인식의 모습이다.

'회전' 운동이란 안쪽으로 끌어당기는 구심력과 바깥쪽으로 튀어나가려는 원심력이 정확하게 평형을 이루었을 때 발생하는 운동이다.

  방향을 완전히 역으로 하는 두 힘이 서로 끌어당기는, 갈라지기 직전의 길항 속에서 생기는 '회전'과 '작은 회전'. 런던의 나츠메 긴노스케는 '모순'이라고 말할 수밖에 없는 두 논리의 힘이 서로 평형을 이루는 한가운데에 몸을 두게 된다.

  한편 후쿠자와 유키치의 '탈아입구'적인 틀에서 '대영제국'을 따라가려고 필사적으로 흉내와 모방을 해온 성과를 바탕으로 영국인에게 '일본'이라는 나라를 인정하게 하고 싶어하는 나츠메 긴노스케도 있다.

    서양인은 일본의 진보에 놀란다. 놀라는 것은 지금까지 경멸했던 자가 주제넘은 일을 하거나 말하거나 했기 때문이다. 대부분의 사람들은 놀라지도 않고 알지도 못한다. 서양인으로 하여금 진실로 경복(敬服)하게 하는 것은 과연 몇 년 후의 일일지 모르겠다.

  청일전쟁 직전, '대영제국'과의 조약 개정에 이르러 청나라에 대해 서구 열강 못지않은 전쟁이 가능한 '보통의 나라'가 된 '일본'. 그 청나라에 대해 전쟁에서 승리한 '일본'의 '진보'에 '서양인'은 '놀라'고 있다. 그러나 그들이 '놀란' 것은 당시까지의 '일본'이 서구 열강 못지않게 될 거라고는 결코 생각하고 있지 않았기 때문이다. 다시 말해 '진보'에 아주 뒤떨어진 나라라고 '경멸'하고 있었기 때문이다. 그리고 많은 사람들은 '일본' 따위에는 관심을 갖지도 않고 알지도 못했다.

  흉내에 흉내를 거듭하고 모방에 모방을 거듭해도 결코 '서양'이 될 수 없는 '일본'. 도대체 '몇 년'이 지나면 '일본'이 '서양인'을 '경복하게 하는' 나라가 될 수 있을까 하는 초조함이 분명하게 나타나 있는 문면(文面)이다.

  그러나 영일동맹이 맺어진 1902년 1월 30일 전후의 수기에서는 "영국인은 천하 제일의 강국이라고 생각한다", "지금의 영국은 망할 날이 없을까" 하는 진화론적인 '진보'에 의심을 표명하면서, 그때까지 번영의 절정에 있었고 그 상태를 그후로도 계속해서 갱신하고 있다고 믿어졌던 '영국'의 '망할' 가능성을 지적한 다음, '일본'에 대해서도 "미래는 어떠해야 할까, 스스로 득의양양해서는 안 된다"고 경고하고 있다.

'대영제국'은 청나라에서 자신의 권익을 지키고 조선 반도를 포함한 러시아제국의 남하 정책에 대항하는 데 있어 일본을 아시아의 헌병으로 삼을 작정으로 영일동맹을 맺었다. 동시에 이 동맹은 그 전까지는 '미개'의 섬나라로밖에 간주하지 않았던 일본과 군사 동맹을 맺지 않으면, 아시아에 대해 전개해 온 식민주의적 정책을 지킬 수 없게 될 만큼 제국주의 열강의 경쟁이 심해지고 '대영제국'의 힘이 상대적인 것이 되었다는 사실을 보여주고 있다.

나아가 청일전쟁에서 승리함으로써 예전에는 '미개'의 나라였던 '대일본제국'이 아시아에서의 제국주의적 패권 다툼에 서구 열강 못지않게 참여함으로써 청나라에 대한 조차(租借)라는 이름의 식민지적 분할을 일거에 가속화했던 것이다. 역으로 '삼국 간섭'은 러시아, 프랑스, 독일이 '대일본제국'을 대등하다고는 인정할 수 없다는 국가적 의사 표시이기도 했다. 그런 의미에서도 일본 국내에서 영일동맹은 한 번 더 일본이 서구 열강 못지않다는 증좌를 손에 넣을 수 있는 기회로 받아들여지고 있었다.

그에 대해 런던의 나츠메 긴노스케는 혼자 하숙에 틀어박혀 있으면서 의심을 표명했던 것이다.

'모순'으로서의 내셔널리즘

1902년의 3월 15일, 장인인 나카네 시게이치(中根重一)에게 보낸 편지에서 나츠메 긴노스케는 '대영제국'이 체현하고 있는 서구 문명의 결정적인 실패의 원인으로, 빈부의 차이를 고정했기 때문에 우수한 인재를 등용할 수 없었고 어리석은 부자만이 나라를 지배하게 되었다는 점에 있다고 지적한 뒤, 다음과 같이 일본의 현상황에 대해 경고하고 있다.

일본에서 이와 마찬가지의 경우를 당하면(실제로 당하고 있다고 생각한다) 그 토목 노동자의 지식(智識)과 문자(文字)가 발달할 미래에는 중대한 대사(大事)라고 생각한다. 칼 마르크스의 의견 같은 것은 단지 순수한 이론으로서도 결점이 있을 것이라고 생각하지만, 오늘날의 세계에 이 설이 나오는 것은 당연한 일이라고 생각한다.

이론적인 '결점'에 대해서는 보류하면서도 칼 마르크스와 같은 논의가 나오는 것은 현상황에서는 '당연'한 일이라고 단언하고 있다.

'서양인'과 대등하게 평가되고 싶다는 생각에서 '문명 개화'를 국가적 슬로건으로 내걸고 학교 교육과 군대에서의 규율 훈련을 중심으로 하면서, 자신의 신체도 포함하여 국민적인 규모로 자기를 철저하게 '서양인'화하는, 즉 자기 식민지화하려고 해온 '일본인'.

그러나 그 영위는 결코 보답받는 일이 없다. 그것은 「런던 소식」에서 나츠메 긴노스케가 마사오카 시키에게 농담인 척하면서 쓴 에피소드에도 확실하게 나타나 있다.

거리를 걸으면 런던의 영국인은 남자나 여자나 모두 키가 크고, 자신의 머리는 그들의 어깨 정도밖에 닿지 않는다. 그러나 어떤 때 문득 자신과 마찬가지로 빈상(貧相)인데다 키가 작은 남자가 저쪽에서 걸어온다. 뭐야, 영국 사람 중에도 이런 놈이 있지 않은가, 라고 생각했더니 그것은 거울에 비친 자신의 모습이었다.

아무리 '문명 개화'라고 소리쳐 보아도 '일본인'은 영국인이 될 수 없다.

될 수 없다는 것을 알고 있기 때문에 오히려 강박적으로 영국인보다 더 영국인답게 되려고 쓸데없는 모방을 한다. 한없이 자기를 타자로서의 거울인 영국인에 다가서게 하려고 한다. 그들의 기준에서 자기를 측정하려고 한다. 다시 말해 '문명 개화'란 바로 서구 열강의 논리와 가치관에 입각해 자기를 철저하게 개변하려고 하는 자기 식민지화인 것이다.

그러나 그러한 자기 식민지화는 '부국강병'을 하고 생산력·경제력·군사력을 서구 열강 못지않게 하여 외교적으로 대등하게 되면서, 바로 아시아의 주변 지역을 침략하여 제국주의적 식민주의를 전개한다는 야망을 실현하기 위한 수단이다. 그 결과 침략적 내셔널리즘에 의해 자기 식민지화를 부추겨대는 자기 모순에 빠지지 않을 수 없는 것이다.

그리고 그것이 '모순'이 아니라고 꾸며대기 위해서는 자기 식민지화를 은폐하고 제국주의적 식민주의를 추진해 나아가는 내셔널리즘 쪽으로 일원화하는 수밖에 없다. 여기에 '대일본제국'이 과도하게 침략적이 되지 않을 수 없는 구도가 있다. 그러나 단독으로 그 침략성을 발동할 수 없는 이상, 가장 헤게모니적인 국가에 기생할 수밖에 없다. 그 귀결이 영일동맹이며, 일본형 기생(parasite) 내셔널리즘의 완성인 것이다.

런던의 나츠메 긴노스케는 그 의식의 한 부분을 자기 식민지화와 내셔널리즘이 갈라지는 한복판에 두면서도, 그러나 다른 부분에서는 자기 식민지화, 즉 '대영제국'에 대한 흉내와 모방이 결국 "미래에는 중대한 대사"로 이어지고 국가가 '망할' 가능성을 내재하고 있다는 것도 의식하고 있었다.

이 입장은 '모순'을 은폐하고 침략성을 과도하게 드러내는 방향도, 혹은 '모순'을 해소한 것처럼 그럴싸하게 보여주는 연속적인 '진보'의 가능성 속에서 근대를 발견하는 후쿠자와적 발전론도 아니다. 그것은 훗날의 소설가 나츠메 소세키를 관통하는, 계속해서 '모순'을 '모순'으로 파악하며 그 갈라짐의 중심에서 사고해 가는 표현자로서의 모습을 결정했던 것이다.

러일전쟁과 식민주의

'고양이'와 러일전쟁

　제국주의적 식민주의의 지배와 피지배의 관계, 거기에서 발생하는 인종주의적 차별과 전쟁이라는 폭력의 문제는 소설가 나츠메 소세키의 탄생 이후 일관된 주제로 나타난다. 예컨대 스스로 '소세키'라는 서명(署名)을 최초로 사용한 소설 『나는 고양이로소이다』[1]의 다음과 같은 구절,

> 얼마 전부터 일본은 러시아와 대전쟁을 하고 있다고 한다. 나는 일본의 고양이이므로 물론 일본 편이다. 가능하다면 혼성 고양이 여단(旅團)이라도 조직해 러시아 병사를 할퀴어 주고 싶은 정도이다. 이 정도로 원기왕성한 이 몸인즉, 잡으려는 의지만 있다면 쥐 한 마리나 두 마리쯤은 누워서도 어렵잖게 잡을 수 있다.

　키우는 고양이까지 전시(戰時) 내셔널리즘에 열광하고 있다는 설정인데, '혼성 여단'이란 러일전쟁에 대한 신문 보도의 핵심어 가운데 하나였다. 그것은 보병 1여단에, 필요한 다른 병종(兵種)을 더해 편제한 독립 부대를 말한다. '혼성 여단'이 새롭게 전장에 투입되었다는 신문 보도는 국내에서는 전의(戰意)와 국위를 고양시키는 기능을 하지만, 전장이라는 현장에서는 무능한 지휘관의 무모한 작전에 의해 다수의 사상자가 나왔기 때문에 새로운 사상자 예비군이 투입되었다는 의미가 된다. 나츠메 긴노스케처럼 '송적'(送籍)[2]을 해서 징병을 피할 수 없었던 남자들은 거기에 자신의 죽음이 기다리고 있다는 것을 알면서도 전장에 나가지 않을 수 없었다.

---

[1] 이 책의 번역본은 나츠메 소세키, 『나는 고양이로소이다』, 유유정 옮김 (문학사상사, 1997)—옮긴이.
[2] 결혼이나 양자 결연 등으로 호적을 상대방 호적으로 옮긴다는 뜻이나 일본어 발음으로는 소세키이기 때문에 이 차자(借字)를 이용해 소세키는 자신을 이 소설 속에 등장시키고 있다.

'쥐'를 잡기로 결단하기 직전의 '나'는 이렇게 생각한다. "쓸데없이 내 몸에 위험을 불러들이는 일은 그저 자신의 재앙이 될 뿐더러 하늘의 뜻에도 크게 어긋나는 짓이다." 그러나 주인이 있는 고양이라는 '고용'된 자인 이상, 즉 "주인을 상대로 하는 이상 몸을 낮추어 고용된 고양이가 되어야 한다. 고용된 고양이고자 한다면 쥐를 잡지 않으면 안 된다"고 한다.

'나'는 '작전 계획'을 짠다. "쥐가 나오는 구멍을 연구"하고 "어느 쪽에서 나올까" 하고 부엌 구석구석을 둘러보고 있자니 "왠지 도고 대장[3]이 된 듯한 기분이 든다"는 것이다.

> 도고 대장은 발틱함대가 츠시마(對馬島) 해협을 통과하느냐, 츠가루(津輕) 해협으로 나가느냐, 혹은 멀리 소야(宗谷) 해협을 돌아가느냐에 대해 크게 걱정하셨다는데, 이제 내가 내 자신의 경우에 비추어보아, 그 걱정하는 사연을 추측할 만하다. 나는 전체 상황에서 도고 대장과 비슷할 뿐더러, 이 현격한 지위에서도 또한 도고 대장과 능히 똑같은 고심을 하는 바이다.

여기에서 '고양이족'이라는 이족(異族)에 의한 '인간'에 대한 오독과 오해라는 방법이 낳은, 패러디에 의한 양의성 혹은 양가성의 문제가 부상한다. '나'의 담론이 아무리 전시 내셔널리즘에 편승한 것으로 생각된다고 해도, 그것이 '고양이족'의 담론인 이상 '인간'의 그것과 동일한 의미를 갖지는 못한다.

당시 '인간'으로서의 '일본'인 독자측에서 보면, 부엌 한가운데서 '쥐'가 어디에서 나오는지 확인하려고 고민하고 있는 '나'와 도고 헤이하치로가 같은 '걱정'을 하고 같은 '환경'에 놓여 있다는 따위의 말은 결코 있을 수

---

3) 도고 헤이하치로(東鄕平八郎, 1847~1934). 러일전쟁 때 연합함대의 사령관으로서 동해 해전에서 발틱함대를 무찔러 육군의 노기 마레스케(乃木希典)와 함께 명성을 얻은 인물 — 옮긴이.

없다. 결과적으로 '나'의 담론은 동해의 해전을 부엌에서의 고양이와 쥐의 싸움으로 폄하하고 있는 것이다. 방법으로서의 '모순'이 가지는 전략적 의미가 여기에 있다.

'나'는 '모순'되어 있다. 단지 한 마리의 고양이로서는 설령 '인간' 쪽으로부터 다른 고양이와 비교되어 무가치하다고 아무리 비판받는다 해도 '쥐'를 잡아본 적은 없다. 쥐를 죽이는 살인을 범한 적이 없는 것이다. 하지만 '일본'에 속해 있는 이상, 그렇게 하지 않으면 안 된다. '일본'이라는 국가 안의 '인간'을 주인으로 가진 '고용된 고양이'인 이상, '쥐'를 잡지 않으면 안 된다. 우선 쥐를 죽이는 살인을 하지 않으면 안 된다고 결정한 것이다.

그러나 '나'는 결국 '쥐'를 잡지 못하고 끝나고 만다. 그리고 결코 '쥐를 잡지 않은' '무명의 고양이'로서 그 생애를 마친다. 동시대의 일본 '군인'들처럼 '쥐'에 해당하는 러시아 병사를 죽이고, 단번에 신문지상에서 영웅으로 유명하게 되는 방향을 거절하고서 말이다.

『도련님』의 콜로니얼 이항 대립주의

큰 틀에서 보면 『도련님』(坊っちゃん, 1906년 4월)[4]이 '빨간 셔츠'로 상징되는 메이지 유신, 즉 보신 전쟁(戊辰戰爭)에서 승리한 쪽에 대한 아이즈(會津)의 '거센 바람'과 전(前) 하타모토(旗本)[5]의 차남인 '나'라는 구 막부측의 복수 이야기라는 점은 예전부터 지적되었다. 하지만 전 하타모토의 자부심을 가지고 있는 '나'가 '물리학교'(物理學校)를 나온 후, 제국대학 출신의 '빨간 셔츠'와 그다지 다르지 않은 서양 중심주의자가 되고 마는 것은 그다지 의식되고 있지 않다.

---

4) 이 책의 번역본은 나쓰메 소세키, 『도련님』, 오유리 옮김 (문예출판사, 2001)—옮긴이.
5) 에도 시대 쇼군가에 직속된 무사—옮긴이.

러일전쟁에서 '승리'한 직후, '나'는 마츠야마(松山)로 보이는 지방 도시에 도착하자마자 "벌거벗은 몸에 빨간 훈도시를 차고 있는" 뱃사람'을 보고 "야만스런 곳이다"라는 감상을 갖는다. 세계를 '문명'과 '야만'으로 나누고, '야만'인이 사는 토지를 '주인 없는 땅'이라고 하여 식민지적으로 영유하는 것을 사후적으로 긍정하는 '만국공법'의 논리인 것이다. 우라가(浦賀)에 도착한 페리의 감상을 흉내 낸 것이라고 해도 무방하다. 수도 도쿄의 교외인 '오모리'(大森)와 비교해 마을이 작다고 화를 낸다. 올라탄 기차가 "성냥갑 같다"고 또 화를 낸다. 해변가에 서 있던 '코흘리개'에게 '중학교'가 어디 있느냐고 물었으나 모른다고 하니까 곧바로 '멍청한 시골뜨기'라고 화를 낸다. 중학교에 부임 인사를 갔다온 후, 마을을 산보하고 있는 동안에도 '나'의 차별 의식은 계속해서 발동한다.

> 현청사(縣廳舍)도 보았다. 전 세기의 낡은 건물이다. 병영도 보았다. 아자부(麻布)의 연대(聯隊)보다 근사하진 못하다. 큰 거리도 보았다. 가구라자카(神樂坂)를 절반으로 좁힌 것만한 너비의 길이며 건물들은 그만 못하다. 25만 석짜리 조카마치(城下町)라고 하지만 보잘게없다.

비교의 대상이 되고 있는 것은, 도쿄에서는 이미 실현되어 있다고 '나'가 믿고 있는 '문명 개화'와 '부국강병'의 달성도이다. '문명'과 '야만'이라는 식민주의적인 이항 대립주의를 기본 틀로 하면서 착의(着衣)와 나체, 커다란 기차와 작은 기차, 교육을 받은 자와 교육을 받지 못한 자, 금세기와 전세기, 대연대(大聯隊)의 '근사'한 '병영'과 그렇지 않은 '병영', 대도시와 소도시, 그리고 도회와 '시골'이라는 이항 대립이 '나'의 의식을 지배하고 있음을 알 수 있다. '나'는 일본의 '문명 개화'=자기 식민지화의 최첨단을 달리고 있는 도회인 도쿄에서 온 이주자=식민자이므로 자신의 부임지를

'시골'이라며 멸시할 특권을 부여받고 있는 것이다.

나는 이래뵈도 학비의 나머지인 30엔쯤 주머니에 넣고 도쿄를 떠나왔던 것이다. 기차와 뱃삯과 잡비를 제하고 아직 14엔쯤이 있다. 다 준다 해도 이제부터는 월급을 받을 테니까 상관없다. 시골 촌놈은 인색하니까 5엔만 주면 깜짝 놀라서 눈이 뒤집힐 게 뻔하다.

참으로 좀스러운 자기 특권화의 방법이지만 어쩔 수 없다. 그때까지 가난하고 절제된 생활을 하고 있던 '나'로서는 '5엔' 정도가, 문득 떠오른 팁의 최고액이었던 것이다. 부친이 죽은 후 차남인 '나'가 형에게서 받은 유산은 '600엔'이었다. '나'는 그것을 '학비'로 하면 "600엔을 3으로 나누어 1년에 200엔씩 쓰면 3년간은 공부할 수 있다"고 생각하여, '3년 동안'에 '물리학교'를 졸업하려고 마음먹었다.

검소한 생활이다. '1년에 200엔'이라면 '학비'를 포함해 한 달 생활비는 16엔 60전 정도이다. 그러나 3년 후, 중학교에 부임할 때 '30엔'이 남았다는 것은 1년에 10엔씩 남겼다는 말이 된다. 이 정도까지 계산해 보면 '팁'을 떠올렸을 때 '나'가 느꼈을 기분은 손에 잡힐 듯 훤히 알 수 있다.

'5엔의 팁'으로 숙소의 사람을 놀라게 해주겠다는 벼락부자의 심정은, 절제된 생활에서 해방되어 "월급이 40엔"이라는 이주지의 새로운 생활에 들어갈 수 있다는 비일상적인 여행 기분 가운데 형성되었던 것이다.

"이래 뵈도 근본은 하타모토(旗本)다"라고 '촌놈'을 경멸한다. '에도 토박이'를 자랑으로 여기는 '나'의 벼락부자 심정이 이 정도인 것이다. '야만'스러운 '촌구석'이라고 멸시하는 이주지의 생활 속에서, '나'는 예전의 생활 방식에서는 한 번도 경험한 적이 없는 풍요로운 생활 방식을 향유할 수 있다는 식민지 거주자 특유의 모습이다. '시골'은 도쿄라는 도시의 지적 엘

식민지 무의식에 대한 대항 담론 75

리트에게 식민지적 취직의 장소인 것이다.

물론 종주국으로 돌아가면 그러한 생활이 가능할 리 없다. '도쿄'로 돌아간 '나'는 '월급'이 '25엔'인 '시내 전차 기수(技手)[6]'라는 직업밖에 얻지 못한다.

조선의 식민지화와 『문』

이토 히로부미를 암살한 이유

『문』(門)은 '한국 합병'[7]이라는 극히 기만적인 호칭을 부여받은, 반도에 대한 식민지 지배가 수행된 동시대 상황을 명확하게 새겨넣은 소설이다. 이 소설이 시작되고 얼마 지나지 않아 하급 관리인 주인공 노나카 소스케(野中宗助)의 동생 노나카 고로쿠(野中小六)가 형의 집을 찾아가 저녁 식사를 하면서 다음과 같은 화제를 꺼낸다.

> "그런데 이토 씨도 큰일을 당했군요"라고 말을 꺼냈다. 소스케는 5, 6일 전에 이토 공(公)이 암살당했다는 호외를 봤을 때, 오요네가 일하고 있는 부엌으로 나와서는 "어이, 큰일이야, 이토 상이 살해되었어"라고 말하며 손에 들고 있던 호외를 오요네의 앞치마 위에 올려놓고는 바로 서재로 들어갔는데, 그 말투로 보면 오히려 침착한 것이었다.

이토 히로부미가 하얼빈에서 조선의 독립 운동가 안중근에게 암살된 것

---

6) 기사(技師) 아래에 속하는 기술직 공무원. ─옮긴이.
7) 한국에 대한 일본의 식민지화를 가리키는 용어로 우리는 한일합방(韓日合邦)이나 한일합병(韓日合倂)이라는 말을, 그리고 일본에서는 주로 일한병합(日韓倂合)이라는 말을 사용한다. 윤건차는 일한병합이라는 말이 "일본과 한국이 대등한 자격으로 평화로운 가운데 하나가 되었다는 뉘앙스를 가지고 있는데, 이는 일본의 무력 침략이라는 역사적 사실을 왜곡"하는 것이라고 비판한다. 尹健次, 『きみたちの朝鮮』(岩波ジュニア新書)─옮긴이.

이 1909년 10월 26일이었기 때문에, 『문』의 이야기가 전개되기 시작하는 가을의 일요일은 지금까지 많은 주석이나 연구가 밝히고 있는 대로, 그 사건으로부터 "5, 6일" 후인 1909년 10월 31일이라는 것으로 특정할 수 있다. 『문』의 연재가 1910년 3월 1일부터 시작했다는 것을 생각하면, 도쿄 · 오사카의 두 『아사히신문』의 독자는 거의 반 년 전의 사건에 대한 기억을 되살리면서, 허구인 이야기의 시간을 현실의 역사적 시간 속으로 치환하여 이 소설을 읽어나가게 된다.

여기서 중요한 것은 소스케의 처 오요네가 남편과 그의 동생이라는 두 명의 남성에게 하나의 질문을 반복적으로 한다는 설정이다.

> "어째서, 살해당했을까요?"라고 오요네는 호외를 보았을 때 소스케에게 물었던 것과 같은 것을, 다시 고로쿠에게 물었다.
> "권총을 탕탕 연발한 것이 명중했답니다"라고 고로쿠는 정직하게 대답했다.
> "근데 말이에요. 어째서 살해당했을까요?"
> 고로쿠는 요령부득의 표정을 지었다. 소스케는 침착한 어조로, "역시 운명이지 뭐"라고 말하며, 찻잔의 차를 맛있다는 듯이 마셨다.
> 오요네는 그래도 납득할 수 없어서, "왜 또 만주 같은 델 갔을까요?"라고 물었다.

두 사람의 남성이 오요네의 물음에 똑바로 대답하지 않는 것이 각별히 강조되고 있는 대화 장면이다.

게다가 '호외'가 배달된 날에 오요네가 같은 질문을 소스케에게 했음에도 불구하고, 그것에 대한 대답은 5일간 지연되었던 것이다. 또한 고로쿠의 대답은 암살의 이유를 묻는 오요네의 의도를 암살의 방법으로 살짝 바꾸어 놓고 있다.

아무렇지도 않은 이 저녁 식사 대화에는 이토 히로부미의 암살을 둘러싼 당시의 신문 보도에 대한 상당히 정확하고, 어떤 의미에서는 극히 비판적인 인식이 드러나 있다. 이토 히로부미 암살 직후인 1~2일간의 보도는 러시아의 재무상 코코프쵸프와의 회담에서 암살에 이르기까지의 사실 경과가 중심이 되어 있다. 가령 "흉기는 최신식의 총, 네 발을 맞음", 혹은 "가까운 거리에서 여섯 발"이라는 기사 제목으로 상징되는 것처럼, "권총을 탕탕 연발했다"고 한 고로쿠의 말에 나타나 있는 정보에 관심이 집중되고 있었던 것이다. 10월 28일부터 정치가 이토 히로부미의 내력이 소개되고, 30일부터는 그 관력(官歷)이 연대기적으로 상세하게 보도된다. "역시 운명이지 뭐"라는 소스케의 대사는 그러한 보도의 담론과 대응하고 있는 것이다.

그리고 사실 『문』의 연재가 시작되기 직전인 1910년 2월 14일, 안중근의 사형 판결이 확정된 후에 '어째서' 이토 히로부미가 안중근에게 살해되었느냐는 오요네의 의문에 답하는 듯한 정보가 재판에서 안중근의 진술서 소개를 통해 처음으로 일반 신문 독자에게 밝혀지게 된다. 그리고 뤼순감옥에서 안중근에 대한 사형이 집행된 것은 『문』의 연재가 시작된 후인 1910년 3월 26일, 이토 히로부미가 죽은 지 5개월째가 되는 같은 날짜였다. 그러한 의미에서 오요네의 질문은 동시대의 독자 입장에서 보면 거의 동시에 진행된 관심사였다고 할 수 있을 것이다.

오요네가 말한 "어째서 살해당했을까요?"라는 물음에 정확하게 대답하기 위해서는 예심 단계에서 안중근이 진술한, 이토 히로부미 암살에 대한 15개항의 이유를 전부 들지 않으면 안 될 것이다. 저격당한 이토 히로부미를 안아 일으켰던 만철(滿鐵)[8] 총재인 나카무라 제코(中村是行)의 초대로 만주와 한국을 여행했던 나쓰메 소세키가 『만주 한국 여기저기』(滿韓ところ

---

8) 남만주철도주식회사를 가리킴. 러일전쟁 후 포츠머스조약에 의해 일본이 남만주철도주식회사를 설립(1906년)해 철도를 경영하였다. 다롄・창춘간의 본선과 몇 개의 지선이 있었다. 이 회사는 반관반민(半官半民)의 조직으로 탄광・항만 등을 경영하고, 철도 부속지의 행정도 담당하였다. 1946년에 중국에 접수되었다.—옮긴이.

どころ)를 연재했던 신문인 『아사히신문』의 1909년 11월 18일의 기사에는, 이 15개 조항의 이유가 다음과 같이 소개되어 있다.(덧붙여 말하자면 이토 히로부미 살해 사건 직전에 귀국했던 나츠메 소세키는 『만주 한국 여기저기』라는 제목의 여행기에서 만주에 대한 기술에 그치고 있다. 한국 여행에 대해서는 쓰지 않았던 것이다.)

1. 왕비의 암살
2. 메이지 38년(1905년) 11월의 한국보호조약 5개조
3. 메이지 40년(1907년) 7월, 일한신협약 7개조의 체결
4. 한국 황제의 폐립(廢立)
5. 육군의 해산
6. 시민 살육
7. 이권 약탈
8. 교과서 소각
9. 신문 구독 금지
10. 은행권 발행
11. 300만 엔의 국채 모집
12. 동양 평화의 교란
13. 보호 정책을 따르지 않은 일
14. 일본의 지제(支帝) 고메이(孝明) 천황을 살해한 일
15. 일본 및 세계를 기만한 일 등이다.

청일전쟁 직후의 왕비 민씨의 암살을 비롯해 '대일본제국'에 의해 착착 진행되어 온 반도의 식민지 지배의 과정에 깊이 관여했으며 유신의 원훈(元勳)이기도 한 이토 히로부미의 죄상이 보기 좋게 폭로되어 있다.

처음부터 『문』의 주인공인 소스케에게는, 청일전쟁 이후 한국을 독립국으로 한다는 국제 조약을 맺었으면서도 러일전쟁을 계기로 하여 한국의 각료를 위협해 한국을 식민지적 속국으로 삼는 외교 조약을 억지로 맺게 했던 이토 히로부미의 상세한 이력을 오요네에게 설명할 만한 사회적 관심은 부여되어 있지 않았다. 하지만 '한일 합병'을 목전에 둔 상황에서 쓰인 『문』이라는 소설에서, 오요네 본인의 의식과는 별도로 소설의 전체 구조 속에서 그녀의 물음은 소스케가 자신의 의식에서 배제하고 있던 한국에 대한 식민지 지배의 문제를 동시대 독자들의 기억 속에 상기시키는 기능을 하고 있다.

계급과 식민지

더욱이 주의해야 할 것은 그 화제를 소스케의 동생인 고로쿠가 꺼내고 있다는 설정이다. 고로쿠는 그때까지 숙부의 집에서 양육되며 학자금을 받아 왔는데, 숙부가 죽고 난 후 숙부의 집 장남이 대학을 졸업하고 사업을 시작했기 때문에 숙모로부터 학자금 지급이 불가능하다는 말을 듣게 되어 형에게 상담하러 왔던 차였다.

고로쿠는 대학에 진학할 수 있을지 어떨지 갈림길에 서 있던 상태였다. 고로쿠는 "만약 안 된다면 나는 당장이라도 학교를 그만두고, 만주나 조선에라도 갈까 하고 생각하고 있습니다"라는 말을 무의식중에 입 밖에 내는 청년이다.

'대일본제국' 국내에서의 엘리트 코스에서 탈락한 사람이 모여드는 식민지로서의 '만주'와 '조선'. 사실 학생 시절 오요네와 동거했으나 그녀를 소스케에게 빼앗긴 일로 인해 대학을 중퇴한 친구 야스이(安井)가 현재 몸을 두고 있는 장소가 '만주'였다. 그러한 의미에서 "어째서 또 만주 같은 델 갔을까요?"라는 오요네의 마지막 물음은, 소스케와 오요네 두 사람이 과거에 입었던 상처를 직접 건드림으로써 망각하고 있던 기억을 되살리는 장치로서 기능하고 있다.

소스케는 자신의 부부가 살고 있는, 벼랑 밑 셋집의 주인인 사카이(坂井)로부터 그의 동생이 '만주'로 건너가 '모험자'로서 생활하고 있다는 이야기를 듣는다. 그리고 그의 친구로 야스이라는 남자가 있는데 곧 귀국하는 동생이 그를 데리고 올지도 모른다는 이야기를 듣는다.

『문』에 등장하는 남자들의 지정학적 배치에는 계급과 식민주의의 관계가 명확하게 각인되어 있다. 러일전쟁 후의 경제 불황 속에서도 취미에 몰두하는 생활이 가능한 사람은, 아버지로부터 '대일본제국'의 수도 도쿄의 땅을 상속받아 그것을 경제적으로 능숙하게 활용하는 집주인 사카이와 같은 남자이다. 물론 아버지로부터 토지나 집을 상속받을 수 있는 것은 장남뿐이다. 차남은 자력으로 학력 엘리트 코스를 밟아 사회적 지위를 손에 넣어야만 한다. 그것에 실패하면 몸을 둘 곳은 '내지'(內地)가 아니며 '만주'나 '조선'으로 갈 수밖에 없다.

사카이와 마찬가지로 부친이 '대일본제국'의 수도 도쿄에 토지나 집을 갖고 있는 노나카 집안의 장남 소스케는 그러한 상속에 실패한 남자이다. 소스케와 오요네가 결혼한 지 '6년'이라는 기술로부터 역산하면 야스이와의 사이에서 스캔들 사건을 일으킨 것은 1903년(明治 36년)의 봄쯤이 된다. 이때 나쓰메 긴노스케가 근무하던 도쿄제국대학 법학부의 '7박사'가 가츠라 타로(桂太郞) 수상에게 러시아와의 개전을 주장하는 의견서를 냈으며, 그것을 둘러싼 신문 보도를 통해 국내의 여론은 단숨에 개전론으로 기울어지고 있었다.

오요네와 성적 접촉을 가졌다는 그 스캔들 사건이 뭔가의 형태로 공공연하게 되었고, 소스케는 교토제국대학을 그만두지 않을 수 없게 되었으며, 부친으로부터는 의절이나 다름없는 취급을 받았다. 학력 엘리트 코스로부터 탈락한 소스케는 오요네를 데리고 히로시마로 옮겨가 취직을 한다. 일본 해군의 거점인 구레(吳)와 우지나항(宇品港)9)을 가진 히로시마는 러일전쟁 개전을 목전에 두고 가장 많은 사람과 물품과 돈이 집중되는 장소였다.

소스케와 오요네가 히로시마로 이사한 지 '반 년' 후, 소스케의 부친이 죽는다. 의절이나 다름없는 관계였던 소스케는 정식적인 상속 수속 없이 아버지가 남겨놓은 빚 처리와 함께, 고로쿠의 양육과 재산 처분을 숙부, 즉 재산을 상속받을 수 없었던 아버지의 동생에게 의뢰하고 히로시마로 돌아온다.

1903년 봄부터 '반 년' 후는 러일 교섭이 싸움 직전에까지 가고, 일본 국내는 러일전쟁 개전의 분위기가 일색을 이루던 시기였다. 교섭의 요점은 한국을 둘러싼 일본의 권익과 만주에 대한 러시아의 권익이 대립한 것에 있었으며, 그 초점은 일본이 한국에 군대를 파견하여 한국의 영토를 군사적으로 사용할 것인가의 여부에 있었다. 1903년 12월 30일의 각의에서는 "러시아와의 교섭이 결렬되었을 때 일본이 살펴야 할 대 청나라와 한국에 대한 방침"이 결정되면서 임전 태세에 들어갔다.

그리고 '반 년'이 지나 숙부로부터 '집'이 '팔렸다'는 소식이 왔지만, '집'과 토지를 처분한 상세한 금액에 대해, 숙부는 "자세한 사정은 어쨌든 만나서"라고 하면서 구체적인 정보를 밝히지 않는다. 1904년 2월 10일, 일본과 러시아 양국의 선전 포고에 의해 러일전쟁이 시작되었다. 선전 포고 전인 2월 8일의 기습 공격으로 일본 해군은 황해의 제해권을 잡았고, 육군도 인천에 상륙했으며, 5월에는 랴오둥반도로 들어가 만주를 공격했다. 즉 국내가 전쟁 초기의 승리에 취해 있는 상황에서 노나카 집안의 토지와 집을

---

9) 히로시마시 남부에 위치한 우지나항은 1889년(明治 22년)에 완성되었다. 청일전쟁이 시작되자 불과 17일 만에 히로시마역에서 우지나항까지 군용 철도가 부설되었다. 우지나항은 중국 대륙으로의 군용 수송 기지가 되어 많은 병사들이 이 항구로부터 출병했다. 연선(沿線)에는 육군의 병기, 피복, 군량 공장이나 수송, 보급을 담당하는 '육군수송부대' 등의 군사 시설이 설치되는 등 전시의 중요한 항으로서 역할을 했다.—옮긴이.

둘러싼 부동산 매매가 이루어지고 숙부가 현금을 손에 쥐게 되는 것이다.

그러나 숙부에 의한 재산 처분 문제는 결국 실상이 전해지지 않은 채 숙부의 죽음과 함께 모호하게 되어버린다. '후쿠오카'(福岡)로 이사한 지 2년 후, 즉 러일전쟁 후의 불황 속에서 소스케는 "학생 시절에 굉장히 친하게 지냈던 예전의 동급생으로서" "고등 문관 시험에 합격해 엘리트 코스의 고위직까지 올라간 친구의 소개로 도쿄로 전직(轉職)하게 된다. 그리고 도쿄로 돌아가고 나서도 재산 문제를 명확히 하지 않고 있다가 숙모로부터 고로쿠의 학비를 정지하겠다는 말을 듣고 나서야, 토지와 집은 4,500엔에 팔렸지만 부채 등을 처리하고 난 잔금으로 간다(神田)에 지은 셋집이 보험에 들기 전에 화재로 타버려 현재는 아무것도 남아 있지 않다는 사실을 알게 된다.

결과적으로 소스케는 장남으로서 자신이 상속받았어야 할 부친의 유산을 아버지의 동생인 숙부에게 빼앗기고 만 것이다. 그리고 중요한 것은 소스케의 유산 상속이 실패하는 전 과정이, 러일전쟁의 시작부터 '대일본제국'에 의한 한국의 식민지 지배가 급속하게 강화되어 가는 기간, 즉 안중근이 예심의 진술에서 이토 히로부미를 살해한 이유로 들었던 거의 모든 항목이 실천된 시기와 겹쳤다는 사실이다.

'한국 합병'으로의 과정

1903년 11월과 1904년 1월, 두 차례에 걸쳐 러일전쟁 발발의 가능성을 미리 상정하면서 한국 정부는 전시에서의 국외 중립을 선언했다. 그러나 일본 정부는 러일전쟁 개전 직후인 1904년 2월 23일, 한국에 대해 '한일의정서'(韓日議定書) 조인을 강요했다. 사실상 이것은 한국 정부가 '대일본제국' 정부가 하라는 대로 정치를 해야 한다는 보호국화를 강요하는 조약이었다.

나아가 3월에는 일본군이 '한국 주둔군'으로서 한국의 영토를 군사적으로 지배하고, 7월에는 군율에 의해 사형까지도 시킬 수 있다는 형태로 반일 행위를 단속하기 시작했으며, 결국에는 그 파급력이 한국 전지역으로 퍼져 나아갔다.

이러한 무력 지배하에서 1904년 8월에는 제1차 한일협약에 의해 고문정치 체제가 포고되었고, 1905년 11월에는 이토 히로부미가 직접 한국에 들어와 일본이 한국을 '보호국화' 하는 '을사보호조약'을 밀어붙였다. 이 조약의 국제법상의 유효성은 지금도 여전히 논쟁의 대상이 되고 있다.

한국을 '보호국화' 한 1905년의 '을사보호조약'을 체결할 때 이토 히로부미가 한 역할에 대해, 나카즈카 아키라는 이렇게 지적하고 있다.[10] "1905년(明治 38년) 11월, 이토 히로부미는 천황의 친서를 가지고 한국으로 들어갔다. 바야흐로 러시아는 굴복했고, 영국과 미국의 지지를 후원자로 삼은 이토는 '보호조약'의 조속한 조인을 기대하며 지극히 고압적인 자세를 취했다. 예정대로 일본의 군대를 한성에 모아 놓고 그 가운데서 이토 히로부미는 황제를 알현했다. 책임을 회피하여 어디론가 숨어버리는 것을 막기 위해 한국 정부의 각료는 모두 일본의 헌병대, 고문 경찰의 감시하에 놓여 있었다." "11월 15일, 이토는 오후 3시부터 네 시간에 걸친 황제와의 회담에서 '보호조약'의 최종적인 수락을 강요했다. 황제는 일의 중대성을 감안해 왕비 민씨의 학살이나 재정 정리 문제, 일본군에 의한 통신 기관의 독점, 가혹한 군율 등의 문제를 거론하면서 암암리에 일본에 의한 한국의 주권 침해를 따지는 등 안간힘을 다해 저항을 시도했다. 그리고 '일이 중대함에, 짐은 오늘 이를 재결할 수 없노라. 짐은 정부의 모든 신하에게 묻고 또 일반 백성의 뜻을 살필 필요가 있노라'라고 말했다. 황제에게 조약 체결의 의향은 전혀 없었던 것이다." 그럼에도 이토 히로부미는 "한국 정부의 대신 한 사람 한 사람에게 조약에 찬성하는지 반대하는지를 심문하"고, "단호하게 반대

---

10) 이하 中塚明, 『近代日本と朝鮮』 (三省堂, 1994)을 참조.

한 사람 이외에는 모두 찬성으로 간주하여, 다수결에 의해 이 문제는 해결되었다고 하며" 억지로 "조인으로 끌고 갔던" 것이다.

일본 국내의 신문 보도에서는 이 조약을 '일한신협약 (日韓新協約)이라고 부르며 한국의 반대파를 "대세를 알지 못하는 완미(頑迷)한 유생 등"이라고 모멸하고, "그 모두가 부랑, 잡배의 운동이며, 뜻이 있는 자들은 예의를 잃은 것이 큰일이라며 통탄하고 있다. 이런 점에서 볼 때 오늘날의 시국은 순조롭다고 할 수 있다"[11]라며 대수롭지 않게 여겼다. 그리고 군사력에 의해 강요한 조약의 '효과'에 대해서는 "일한신협약에 의해 한국의 외교는 완전히 우리 수중에 들어왔다. 한국의 외교는 처음으로 통일의 성과를 거둘 것이며, 한국은 앞으로 우리의 충언과 조력에 의해 그 내정 개선의 길로 나아감으로써 한국의 평화적 진보와 발달을 기대할 수 있다. 한국으로서는 다행스러울 뿐 아니라 한국 문제의 근본적 해결에 의해 극동의 평화는 크게 공고함을 더했다고 해야 할 것이다"[12]라고 보도하였다.

그러나 현실에서는 '한국의 평화적 진보'도 그리고 '극동의 평화'도 가져오지 못했다. 11월 24일, 이토 히로부미는 기차에 던진 돌에 맞아 부상을 당했고, 11월 말부터 대규모의 '신협약' 반대 운동이 일어났다. 이는 이듬해부터 반도 전체에서 민중 봉기와 의병 봉기로 확대되었으며, 그에 대한 보도가 일본의 신문지상에도 나타나지 않을 수 없게 되었다.

이토 히로부미가 한국에 대해 '을사보호조약'을 강요하고 있을 무렵, 소스케와 오요네 부부는 이미 후쿠오카로 이사해 있었다. 그리고 후쿠오카에서, 숙부가 처리했을 유산 문제가 소스케 등의 기억 속에서 점차 잊혀져 가게 된다.

다시 말해 이토 히로부미가 한국을 식민지 지배 속으로 편입시켜 가는

---

11) 『國民新報』, 1905년 11월 14일자.
12) 『國民新報』, 1905년 11월 19일자.

외교상의 조치를 하나하나 취해 나아가는 동안 소스케는 유산 상속 문제를 점차 잊어가고 있었고, 한국에서 항일 의병의 싸움이 군사력에 의해 탄압받고 있던 2년 동안 소스케와 오요네는 후쿠오카에서 생활하고 있었던 것이다.

그리고 한국 통감부가 열릴 무렵(1905년 12월), 소스케에게는 도쿄로 돌아올 기회가 찾아온다.

부부가 이런 식으로 호젓하고 의좋게 살아온 지 2년째가 되는 해 말에, 소스케는 예전의 동급생이며 학생 시절에는 굉장히 친했던 스기하라(杉原)라는 남자와 우연히 만났다. 스기하라는 졸업 후에 고등 문관 시험에 합격해 그때는 이미 어느 성(省)에 봉직하고 있었다. 그런데 공무상 후쿠오카와 사가(佐賀)로 출장을 오게 되어 도쿄에서 일부러 찾아왔던 것이다. 소스케는 그 지역 신문을 통해 스기하라가 언제 도착해 어디에 묵고 있는지 정확히 알고 있었다. 하지만 실패자인 자신을 돌아보고 성공자 앞에서 머리를 숙이는 대조적인 모습을 부끄럽게 생각했고, 그런 점에서 재학 당시의 옛 친구와 만나는 것을 피하고 싶다는 특별한 이유를 가지고 있었다. 그러므로 그가 묵고 있는 여관으로 찾아갈 뜻은 추호도 없었다.

그런데 스기하라 쪽에서는 묘한 관계로 소스케가 이곳에 틀어박혀 있다는 것을 알아냈고, 굳이 만나기를 원했기 때문에 소스케도 어쩔 수 없이 고집을 꺾었다. 소스케가 후쿠오카에서 도쿄로 옮겨가게 된 것은 전적으로 이 스기하라 덕택이었다. 스기하라로부터 편지가 왔고, 드디어 일자리가 정해졌을 때, 소스케는 젓가락을 놓고,

"오요네, 드디어 도쿄로 갈 수 있게 됐어"라고 말했다.

"어머 잘 됐네요" 하며 오요네는 남편의 얼굴을 쳐다보았다.

소스케와 스기하라라는 '실패자'와 '성공자'의 이항 대립은 그대로 유산 상속에 '실패'한 소스케와 '성공'한 사카이의 계급적 낙차와 겹쳐질 수 있다. 그것과 동시에 한국의 식민지 지배를 위해 새롭게 창설된 통감부의 초대 총감인 이토 히로부미를 비롯한 70여 명에 가까운 통감부 직원들은 과연 '성공자'인가 '실패자'인가 하는 문제도 부상한다. 왜냐하면 이토 히로부미의 통감 취임에 즈음하여 일본 내에서는 그것이 무단파(武斷派)인 가츠라 타로(桂太郞) 내각에 의한 좌천으로 보도되었기 때문이며, 다른 한편으로는 소스케와 마찬가지로 사카이가 경영하는 "셋집을 빌려 쓰고 있는 혼다(本多)"라는 '은거 부부'가 "조선의 통감부에서 훌륭한 관리로 있는 외아들이 보내주는 돈으로 편하게 살아갈 수 있었기" 때문이다.

수도인 도쿄에서 근무한다고는 해도 월급이 보잘것없어 신발에 구멍이 나도 새 신발을 살 수 없는 소스케, 그 은거 부부와 같은 생활 상태를, 부모에게 생활비를 보낼 수 있는 식민지 '조선의 통감부' 관리와 비교할 경우, 도대체 어느 쪽이 '실패자'이고 어느 쪽이 '성공자'인지 갑자기 결정할 수가 없다. 중요한 것은 '실패자'도 '성공자'도 '만주'나 '조선'이라는 식민지 없이는 존재할 수 없다는 상황이다.

『문』이라는 소설의 시간 구조는 러일전쟁과 그 이후 한국에 대한 식민지 지배의 과정, 그리고 그에 대한 이토 히로부미라는 한 정치가의 깊숙한 관여를 상기시키는 장치로 되어 있다. 노나카 집안의 장남 소스케가 아버지로부터 상속받았어야 할 토지와 집이 사에키(佐伯)의 숙부에 의해 처분된 뒤 마치 그 대가라도 되는 양 동생 고로쿠가 학비를 지급받으며 양육되던 상태에서, 숙부가 죽은 후 숙모로부터 학비 지급을 중단하겠다는, 유산의 소멸을 선고받기까지의 전 과정은, 러일전쟁과 그것을 틈탄 한국에 대한 식민지화 그리고 이토 히로부미의 암살에 이르는 과정과 정확히 겹치는데 바로 이 장치가 문제인 것이다. 아울러 소스케와 오요네 부부의 생활에서 커다란 변화가 일어난 시기와 한국을 식민지화해 가는 단계 역시 겹치고 있다.

더욱이 『문』이라는 소설의, 소설로서의 스토리의 요체에, 소스케와 오요네라는 남편과 아내의 기억의 정치학이 있다. 오요네는 히로시마, 후쿠오카, 그리고 도쿄에서 유산, 출산 직후의 사망, 그리고 사산이라는 형태로 잃은 세 아이의 죽음을 매일같이 기억으로부터 되살리고 있는 데 비해, 소스케는 과거의 기억을 계속해서 망각해 왔다는 대비 속에 놓여 있다. 소스케에게 과거에 대한 망각이야말로 오요네가 물었던 이토 히로부미의 암살 이유에 대해 대답할 수 없는 의식의 양상을 규정한다는 것이 이 시간 구조 속에서 명확해지는 것이다.

식민주의와 '낭만주의'

취직 장소로서의 식민지

일본의 능력주의(meritocracy)가 이제 일본 국내에 국한해서는 유지할 수 없으며 완전히 식민지 지배에 의존할 수밖에 없게 된 시대라고 파악하고 있는 작품이 『히간 지날 때까지』(彼岸過迄)이다. 주인공인 다가와 케이타로(田川敬太郞)는 『도련님』의 '나'와 비교했을 때 한층 더 식민주의적 일상 감각에 젖어 있는 인물이다. 소스케의 동생인 고로쿠가 대학에 진학할 학비를 조달할 전망이 보이지 않자 "만약 안 된다면 학교를 집어치우고 당장이라도 만주나 조선에라도 가볼까 생각하고 있습니다"라고 말하는 것처럼, 도쿄제국대학을 졸업해도 국내에서는 좀처럼 일자리를 찾을 수 없는 케이타로에게 '만주'나 '조선'에서 직장을 구하는 것은 거의 당연한 일로 의식되고 있다.

시대가 1909년(明治 42년)으로 설정되어 있는 『문』에서는 학력 엘리트 코스의 정점까지 올라갈 수 없어 도중에 낙오하는 자의 선택지가 '만주나 조선'이었던 것에 비해, 약 1~2년 후의 시대로 설정된 『히간 지날 때까지』
에서는 제국대학을 졸업한 사람에게도 '만주나 조선'은 당연한 취직 자리
로 인식되고 있다. 더구나 다가와 케이타로는 '만주나 조선'에서도 일자리
를 얻을 수 없는 남자로 위치 지어져 있다.

> 그는 매일 보는 하숙집 하녀의 얼굴에 완전히 질렸다. 매일 먹는 하숙집 반찬에
> 도 신물이 났다. 적어도 이 단조로움을 깨기 위해서는 만철(滿鐵)에서 생긴다
> 든가 조선 쪽에서 성사된다면 그런 대로 생활 수단 이외에서 얼마간의 자극을
> 얻을 수 있겠지만, 2, 3일 전에 둘 다 당분간은 희망이 없다는 것이 분명해지고
> 보니, 더욱더 눈앞의 평범이 자신의 무능력과 밀접한 관계라도 있는 것처럼 생
> 각되어 아주 맥이 빠졌다.

『히간 지날 때까지』라는 소설의 전반부는 다가와 케이타로의 취직 활동
을 축으로 전개된다. 그런데 그 서두에서 그가 취직을 위한 '운동'을 포기
하고 횟술을 마시는 것은, '대일본제국'이 러일전쟁 이후 본격적인 식민지
경영에 나섰던 '만주'나 '조선'에서도 취직 자리를 얻을 가능성이 두절되었
기 때문이다. '만철 쪽'도 안 되고 '조선 쪽'에서도 어렵다면 당연히 국내에
서도 무리라는 뜻이다. 이를테면 다가와 케이타로는 모든 일이 끝장난 상태
에 놓이고 만 것이다.

취직 자리가 없다는 것은 학력 엘리트 사회를 걸어온 자신이 실사회(實社
會)에서는 '무능력'하다고 판정받는 것이나 다름없다. 고등 교육을 받은 것
만을 유일한 자기 증명으로 삼고 있는 다가와 케이타로에게 이 '무능력'이
라는 판정은 결정적이다. 그것은 사회로부터 자기의 동일성을 부정당한 것
이기 때문이다. 학력 엘리트 사회에서 살고 있을 때에는 입학하여 시험에
합격하고 졸업한다고 하는, 앞으로의 방향이 미리 부여되어 있었다. 그러나

그 결과 이후 자기의 방향성은 존재하지 않는다. 어디를 향해 자신의 삶을 밀고 나아가야 좋을지 모르게 되는 것이다. 삶의 벡터(Vektor)가 소거되고, 그래서 멈춰 설 수밖에 없게 된다. 이제 막 획득한 식민지에서조차 생활의 장이 없다면 다시 새로운 식민지를 만들 수밖에 없다.

'낭만 취미(romantic)의 청년'으로 규정되어 있는 다가와 케이타로는 분명 남방에 대한 식민주의의 꿈을 품고 있었다. 그는 학생 시절『아사히신문』에 연재되었던 남방 탐험가 고다마 오토마츠(兒玉音松)의 모험담을 동경하여, 친구로부터 '문어 잡이 다가와(田川)'라고 불릴 정도로 고다마 오토마츠가 왕문어와 싸우는 내용의 기사에 심취해 있었다. 물론 자신의 장래와의 관련 속에서 '남양(南洋)의 문어 잡이'를 생각했던 것은 아니지만, '싱가포르의 고무림 재배'에 대해서는 "학생이었을 당시" "진지하게" 계획하고 있었다.

고무 재배는, 새로운 교통 기관인 자동차의 타이어 원료로서 당시에 가장 주목받던 산업이었다. 그러나 케이타로에게 고무 생산에 대해 이런저런 정보를 주었던 '고무 박사'가 "이제 얼마 안 있으면 그 근처에서 나는 고무의 공급이 세계의 수요 이상으로 초과되어 재배자는 비상 공황을 일으킬 게 틀림없다고 위협했"기 때문에 케이타로는 꿈을 접었다.

반은 농담 섞인 학생들의 이야기 중에 '공급', '수요', '공황'이라는 용어가 들어가게 되는 시대. 케이타로의 세대는 제국주의 열강 상호간의 격렬한 경쟁 속에서 늘 일촉즉발의 위기를 내포하는, 곧 성공의 배후에 커다란 위험을 안지 않을 수 없는, 자본주의 시스템이 막다른 곳에 몰려 있는 상황 속에서 살고 있는 것이다.

동시에『히간 지날 때까지』의 화자가 독자에게 '낭만 주의가 식민지적 침략주의와 불가분의 관계에 있다는 것을 보여주었다는 사실도 잊어서는 안 될 것이다. '낭만 주의가 있는 그대로의 자기로부터 있어야 할 자기로 상승해 가려는 욕망의 표현 형태라고 한다면, 케이타로의 '낭만 취미'적 꿈은 남양에서 식민지적 플랜테이션의 경영자가 되는 것이었다. 또한 그것은 그 지역에서 이미 성공을 거두었던 서구 열강 출신의 플랜테이션 경영자들을 당치도 않게 모방·흉내 내는 꿈이었다.

'탐정'과 식민지 지배

플랜테이션 경영자의 꿈이 무너진 케이타로가 해보고 싶은 일은 '탐정'과 같은 일이다. 이 기묘한 연관을 이어주는 것은 스티븐슨의 『신 아라비아 이야기』(新亞喇比亞物語)를 동경한 케이타로의 '낭만'주의지만, 일견 황당무계하게 생각되는 그의 발상 가운데 식민지적 침략주의를 지탱하는 심성을 둘러싼 심층적 문제가 드러나 있다.

국내에서도 그리고 식민지에서도 자신의 생계를 유지할 만한 직업을 얻을 수 없는 케이타로와 같은 '무능력'자, 즉 쓸모없는 사람에게는 경제적으로 풍부한 누군가의 식객이라도 되지 않는 한 생활을 위해 돈을 벌 수 있는 방법은 사실 범죄자가 되는 길밖에 없다.

실제로 대학의 영어 수업에서 교과서로 사용한 스티븐슨의 『신 아라비아 이야기』에서 "영국에서 막 돌아온 남자"는, 보헤미아의 왕자가 19세기의 '런던'에서 체험한 듯한 '이상한' 사건은 "19세기에 어딘가 그리고 지금도 있지요"라고 말했던 것이다.

누구든 '이상한' 사건의 당사자 내지는 목격자일 수 있는 런던 내지는 도쿄라는 대도회. 전쟁이라는 대규모적인 폭력의 발동 후에 획득한 식민지로부터의 약탈·수탈·착취에 의해 간신히 살아가고 있는 사람들이 이름도 없는 군중으로 생활하고 있는 종주국의 수도. 거기에서는 언제 범죄가 발생해도 '이상'하지 않는 위기가 일상화되어 있고, 누가 범죄자가 된다 해도 이상하지 않으며, 따라서 누구든 '탐정'이 될 수 있는 것이다.

그러나 『히간 지날 때까지』가 발표된 시기의 '대일본제국'에 거주하는 사람들이 '탐정'이라는 말에서 가장 생생하게 느꼈던 것은, 고토쿠 슈스이(幸德秋水) 등 24명에게 사형 선고가 내려지고 12명이 처형된 '대역 사건'으로 그들을 몰아간 '경시청 탐정'의 모습일 것이다. 실제로 케이타로도 그 때문에 '탐정'이 될 수는 없다고 친구 스나가에게 말하고 있다.

'경시청 탐정'은 "미리 사람을 계략에 빠뜨리려는 선입관 위에 세워진 직업"이다. 범죄를 범할 것이라고 그들이 예견한 사회주의자나 무정부주의자를 악착스럽게 따라다니고, 그들의 예단에 의해 범죄자로 꾸며내는 것이다. 케이타로는 그 정도까지 "사람에게 나쁜 일"은 "할 수 없다"고 한다. 그렇다면 어떤 '직업'이 있을까? 결과적으로 스나가의 핏줄이 아닌 그의 숙부 다구치로부터 케이타로는 '탐정' 비슷한 추적을 하라는 명령을 받고 그것을 계기로 일자리를 얻게 된다.

그러나 아이러니컬하게도 케이타로와 같은 하숙집에서 생활을 했으나 철도 관계의 일을 그만둔 뒤 하숙비를 떼어먹고 도주한 모리모토라는 남자는, 고등 교육 따위는 받지 않았음에도 케이타로보다 훨씬 앞서 '다롄'(大連)에 있는 '전기(電氣) 공원의 오락 장치 담당자'로 취직 자리가 정해져 있었다.

그 사실을 알리는 편지 말미에서 모리모토는 "만주와 달리 다롄은 아주 좋은 곳입니다. 당신과 같이 재능 있고 쓸모 있는 청년이 발전해야 할 곳은 당분간은 여기밖에 없겠지요. 큰맘 먹고 꼭 오시지 않겠습니까? 저는 이곳에 온 이래 만철 쪽에도 아는 사람이 상당히 생겼기 때문에, 만약 당신이 정말 올 마음이 있다면 그에 상응하는 알선을 해드릴 생각입니다"라고 쓴다.

'만철'이라는 국책 식민지 철도 회사의 인맥을 갖게 된 모리모토라는, 스스로 "완전히 무학, 즉 배움이 없는" 남자가 제국대학을 졸업한 학력 엘리트에게 취직 '알선'을 자청하고 있다. 식민지 거주자와 종주국 거주자 사이의 계급적 전도인 것이다.

실제로 모리모토가 취직한 '다롄'의 '전기 공원'이란 '만철' 관계자의 가족들이 아이를 데리고 주말이나 휴일을 보내기 위한, 전기 장치를 한 유원지이다. 그런데 그것은 아직 내지에도 존재하지 않는 부르주아 내지는 중산계급적 라이프 스타일을 향유하기 위한 완전히 새로운 시설이었다.

'고등 유민'과 전쟁 비용 조달

같은 하숙에 살며 학력 격차가 나는 남자와 직업상의 위치가 전도된 것은, 같은 학력이면서도 무직인 채로 있으려 하는 스나가와 일자리 찾기에 필사적이어야 하는 케이타로와의 격차와 기묘하게 호응하고 있다.

스나가의 아버지는 전직 군인이었으며 "회계관(主計官)으로서 상당히 높은 지위까지 오른데다가 원래가 재산 늘리기에 밝았던 사람"이었기 때문에, 실업계로 옮겨 "모자(母子) 모두 먹고 입는 데 불안과 근심을 모르는 좋은 신분"이었던 것이다. 그런 의미에서 전쟁을 이용물로 삼아 불린 아버지의 재산 덕택에, 어머니 한 사람과 자식 하나로는 취직하지 않아도 살아나갈 수 있는 것이다. 더욱이 현재 스나가가 어머니와 함께 살고 있는 집은 "원래부터 자신 소유의 집이었던 것을 일시적으로 친척인 모(某)에게 빌려준 채 오래 지난 곳으로, 아버지가 죽었기 때문에 사람 없는 살림에는 장소도 넓이도 적당하다는 어머니의 의견에 따라 스루가다이(駿河臺)의 본가를 팔고 이곳으로 이사했던" 것이다. 그리고 그 '본가를 판' 대금도 스나가 모자의 생활을 지탱하는 중요한 밑천이 되고 있음을 알 수 있다. 외아들인 장남으로서 아버지가 죽은 후 스나가 집안의 호주와 유산을 상속받고 토지와 셋집의 소유주가 되어, 아마 아버지의 재산을 원금으로 이자 생활도 가능했기 때문에 스나가는 일자리를 찾지 않아도 되었을 것이다.

그런 의미에서 숙부인 마츠모토와 마찬가지로 스나가는 '고등(高等) 유

민'으로 살아갈 수 있는 조건, 즉 직업을 갖지 않고도 살아갈 수 있는 경제적 기반을 가지고 있었지만, 케이타로는 그렇지 못했다. 여기에서 같은 '고등 유민'인, 『마음』(こころ)[13]의 선생이 토지와 집을 판 돈과 '공채'(公債)로부터 들어오는 이자의 절반으로 생활이 가능했던 것을 상기해 둘 필요가 있다.

스나가의 아버지가 군(軍)의 '회계국'에 있었던 것은 그가 전쟁 비용 조달을 위한 국채 발행에 깊이 관련되어 있었다는 것을 의미한다. 아버지는 러일전쟁 전에 죽은 것 같지만 청일전쟁 이후의 노하우가 친척에게도 계승되고 있음에 틀림없다.

러일전쟁 때 발행된 국채는 제1회가 6.3퍼센트, 제2·3회가 6.6퍼센트, 제5·6회가 8.25퍼센트의 이율이었다.[14] 이러한 고이율의 '공채'가 이자 생활자인 '고등 유민'의 생활을 지탱하게 했던 것이다. 물론 그 변제는 높은 증세(增稅)와 식민지로부터의 약탈·수탈·착취로 조달할 수밖에 없는 것이다. 그런 의미에서 '다롄'에서 일자리를 정한 모리모토의 노동도 어떤 부분에서는 스나가나 마츠모토의 '고등 유민'으로서의 생활에 봉사하고 있었는지도 모른다. 그리고 드디어 일자리를 찾는 케이타로의 노동도……

'소회전'은 밀접하고도 불가분하게 큰 '회전'과 관련되어 있는 것이다.

---

13) 이 책의 번역본은 나츠메 소세키, 『꿈 열흘 밤, 마음』, 박유하 옮김 (웅진, 1995)—옮긴이.
14) 大石嘉一郎, 『日本資本主義の構造と展開』 (東京大學出版會, 1998).

패전 후의 식민지적 무의식

상징 천황제와 식민지적 무의식

밖으로부터의 탈제국주의화

1945년 8월 15일 '대일본제국 신민'들에게 라디오로 방송된, 그 전날인 14일에 녹음된 이른바 '종전의 조서(詔書)'는 통상 '포츠담 선언'을 수락한 것으로 이해되고 있다. 그러나 실제의 내용에서는 "공동 선언을 수락한다는 뜻을 통고했다"고 말한 직후에 "앞서 영미(英米) 두 나라에 선전(宣戰)을 포고한 이유도 역시 실로 제국의 자존과 동아의 안정을 간절히 바라는 데서 나왔으며, 타국의 주권을 배척하고 영토를 침범하는 것 같은 일은 원래 짐의 뜻이 아니었다"고 하면서, 전쟁의 문제를 "교전을 한 지 이미 4년이 되어"라고 하여 대영미전(對英米戰)에만 한정하고 있고 "중국에 대한 침략에 대해서는 일체 언급하지 않는다"[1]는 것이다. 그것만이 아니라 이 '종전의 조서'는 '포츠담 선언'의 전제가 된 '카이로 선언'(1943년 11월)에 대한 응답을 거부하고 있다.

왜냐하면 '카이로 선언'에서는 제1차 세계대전 이후에 일본이 탈취한 태

---

1) 千本秀樹, 『天皇制の侵略責任と戰後責任』(青木書店, 1990).

평양 남양군도의 박탈, 중국의 영토, 즉 타이완과 만주, 펑후제도(澎湖諸島)의 반환 그리고 조선의 독립과 "폭력 및 탐욕에 의해 약탈한 일체의 지역으로부터 구축(驅逐)"한다고 표현되어 있었기 때문이다. 다시 말해 '카이로 선언'에 명기된 식민지의 해방에 대해 '종전의 조서'는 입을 다물면서, '타국의 주권을 배척하고 영토를 침범하는 것 같은 일은 원래부터 짐의 뜻이 아니었다'고 식민지 지배의 야망과 사실이 마치 존재하지 않았던 것처럼 정색하고 나온 것이다.

그러나 메이지 유신 후 홋카이도 개척사(開拓使) 설치로부터 시작하여 80년 가까이에 걸친 식민주의는 패전이라는 바깥쪽으로부터의 힘에 의해 갑자기 단절되었던 것이다. 그후 GHQ(General Headquarters of the Supreme Commander for the Allied Powers, 연합군 최고사령관 총사령부)의 점령 정책으로서 '대일본제국'의 탈제국주의화가 수행되어 가게 된다. 그러나 일본 국민은 구식민지의 탈식민지화 경위에 대해 거의 관여하지 못함은 물론 그것을 둘러싼 정보조차 듣지 못하는 상황에 놓였다.

공습으로 불탄 들판에서 식량난에 직면한 채 나날의 생활에 쫓기는, 새롭게 틀 지워진 '국내' 사람들에게 들어오는 정보는 구식민지로부터의 귀환자들과 복원병(復員兵)에 의한 일방적인 것밖에 없었다. 일본 '국내'의 사람들은 구식민지에서 식민지 지배를 당했던 수많은 사람들의 체험과 경험을 둘러싼 소리로부터 완전히 차단된 곳에 놓여졌던 것이다. 극동국제군사재판에서도 구식민지에서의 문제는 배제되고 말았다.

이 상황을 윤건차(尹健次)는 이렇게 의미 부여하고 있다.

이를테면 일본은 아시아로부터 단절되어 일종의 쇄국 상태에 놓였던 것이다. 그러나 아시아관의 전환, 일본인의 사상 변혁이라는 시대의 절박한 과제에서 볼 때, 일본의 패전= '탈제국주의화'가 군사적 패배라는 사실에 의해 타율적으로 이루어진 것이야말로 더욱 큰 의미를 지니고 있었다. 다시 말해 '탈제국주의화'가 내부 사람들의 고통에 찬 갈등에 의해서가 아니라 외부의 힘에 의해 초래된 결과, 별안간 거기에 생긴 공백은 일본인의 정신 구조나 자의식에 심각한 영향을 끼치지 않는 방향으로 작용하게 되었다. 즉 이것이 곧 일본인의 전쟁 책임에 대한 자각의 문제와 결부되지만, 그것은 전후 50년이 지난 오늘날에도 전후 보상·전후 책임에 대한 구분의 불충분함과 깊이 관련되는 왜곡된 아시아관의 커다란 근거가 되고 있다고 봐도 좋을 것이다.[2]

그리고 이러한 상황이야말로 현시점에서는 패전 후 '일본인의 정신 구조나 자의식에 심각한 영향'을 주고 말았다고 판단하지 않을 수 없다. 왜냐하면 패전 후의 '민주화'는 식민지적 무의식과 식민주의적 의식으로 분열된 상황을 살았던 사람들에게는 처음으로 맞이한 '식민지화' 없는 '민주화'였기 때문이다.

식민지화와 세 가지의 전후

미타니 타이이치로(三谷太一郎, 1936~)는 E.H. 카(E.H. Carr)의 '전쟁 혁명설'에 입각하면서 그리고 메이지 유신 후의 네 전쟁과 그 전후의 '대일본제국'의 '민주화' 과정을 청일전쟁 후의 후쿠자와 유키치의 담론에 근거하면서 다음과 같이 정리하고 있다. 우선 청일전쟁에 의해 군사 예산을 둘러싼 삿쵸(薩長) 번벌(藩閥) 정권과 '민당'(民黨)(야당으로서의 정당)의 대립이 '동결'되고, "입헌 정체가 국가 이익을 이루는 것이라는 사실을 실증하며, 의회의 정치적 비중을 획기적으로 높이고" 청일전쟁 직전의 영국과의 조약 개정으로 "정부는 정당에 의해 선도되는 '여론'이 외교에서 행하는 중요한 역할을 인식하기에 이르렀다"는 것이다. 그리고 전후 '정치 휴전의 항

---

2) 「戰後思想の出發とアジア觀」, 『戰後思想と社會意識』 (岩波書店, 1995).

구화'에 의해 '번벌과 정당이 상호 접근'하고, "정당의 정권 참가가 현실이 되었다는 의미에서 체제는 전쟁을 통해 정당화되었으며, 또 그런 한에서 민주화되었다"는 것이다.

그리고 청일전쟁에 의해 타이완을 중심으로 식민지를 획득한 것은 "종래의 권력으로부터 소외되었던 정당 정치가에게 기회를 부여할 수 있는 권력 프론티어"가 되었고, 그런 이유로 후쿠자와는 "민주화의 가능성을 식민지화와 연결했다"고 미타니는 분석한다. 그러나 실제로 진행되었던 것은 식민지를 프론티어로 삼은 '군사화'였다.

러일전쟁은 우선 전쟁 비용 조달을 위한 대증세(大增稅)에 의해 "결과적으로 선거권자를 배가시킨"다는 유권자 차원의 '민주화'를 가져왔다. 그 결과 '후방 국민의 역할'이 급격하게 커졌고, 이는 전후 '국민의 정치적 역할의 확대'로 이어졌다.

러일전쟁은 결과적으로 '통치 주체의 복수화'와 '정치의 경쟁성 증대(자유화)'라는 의미에서의 '민주화'를 가져왔다. 그러나 그것은 나쓰메 소세키가 『문』에서 잠재화시켰던 '한국 합병에 이르는 대규모의 식민지화'를 동반하지 않으면 안 되었다.

제1차 세계대전의 전후는 "국내 협조를 방해하는 국내 대립을 현재화시켜" "그 국내 대립들이 정치적 불안정화의 원인이 되는 것을 저지하기 위해" "정치 참가의 확대라는 의미에서의 민주화가 불가피"하게 되었던 것이다. 그 결과가 "정당 내각인 하라(原) 정우회(政友會) 내각"의 '성립'이며 보통 선거의 실현이다.[3] 이 세 전쟁을 직접 체험한 나쓰메 소세키는 가장 말년의 「점두록」(点頭錄, 1916년)에서 제1차 세계대전이 초래한 것은 '군국주의'의 세계화라고 분석했다.

---

3) 이상의 인용은 三谷太一郎, 「戰時體制と戰後體制」, 岩波講座 近代日本と植民地 8, 『アジアの冷戰と脫植民地化』(岩波書店, 1993).

치안유지법과 한데 끼워져서 나온 보통선거법에 근거해 남자 보통 선거가 최초로 실시된 1928년의 3년 후인 1931년 9월 18일에 '대일본제국'의 군부는 만주 사변을 일으킴으로써 세계 공황 후의 위기를 철저한 식민지화의 수행을 통해 극복해 나아가는 쪽으로 치달았다. 그것은 15년 전쟁에 돌입하는 커다란 원인이 되기도 했다. 이러한 커다란 네 전쟁의 전후 정책 속에서 1945년 8월 15일 이후의 GHQ에 의한 전후 처리의 방책만이 식민지화를 수반하지 않는 '비군사화'와 '민주화'로서 수행되었던 것이다.

상징 천황제와 오키나와의 요새화

미타니 타이이치로는 패전 직전에 '대일본제국' 지배자의 최상층부가 전쟁 국면의 악화와 연동하여 "혁명 작용과 그 결과로서의 공산화 내지 아나키화에 대한 불안과 공포"를 격화시켰다며, 그 전형으로서 "가장 근심해야 할 것은 패전보다도 패전에 수반되어 일어날 수 있는 공산 혁명에 있"다고 한, 고노에 후미마로(近衛文麿, 1891~1945)가 천황에게 올린 상소문 한 구절을 들고 있다. 패전시에 '국체'로서의 천황제 유지가 지배층의 최대 과제가 된 것은 천황제가 "전시 체제(그리고 패전에 의한 전시 체제 자체의 해체)를 통한 전쟁의 혁명적 작용의 극대화를 저지하고 다가올 전후 체제의 기본 전제여야 할 것이라고 생각되었기" 때문이다.[4]

'국체'로서의 천황제 유지를 최우선시하려는 구 '대일본제국'의 지배층과, 일본의 비군사화 및 민주화를 당초 점령 정책의 기본에 두었던 맥아더 사이의 거래는 '상징 천황제'와 '전쟁 포기 조항'을 끼워넣은 새로운 헌법을 만드는 데서 성립했다. 고세키 쇼이치(古關彰一, 1943~)는 이 사이의 사정과 관련해 "맥아더는 FEC(극동위원회)가 활동을 개시하기 전에 천황의 지위를 남기고, 또한 FEC(연합국에 의해 구성되고, 영·미 외에 사회주의 국가

---
4) 같은 책.

인 소련, 일본의 전쟁 피해가 컸던 중국과 필리핀, 일본 군국주의에 강한 경계심을 가지고 있었던 호주·뉴질랜드 등의 대표가 참가)도 결과적으로 찬성하지 않을 수 없는 대담한 평화적·민주적 헌법을 FEC보다 먼저 만들 필요가 있었다"고 말하고 있다.[5]

그러므로 "우리 일본인이 알고 있는 사실과는 달리, 맥아더는 쇼와 천황이 주도권을 쥐고 평화주의와 민주주의에 철저한 헌법을 만든 것으로 하여 그것을 연합국에 전했다"는 것이다.[6] 전쟁을 포기하고 친분을 만방에 떨친 결의는 히로히토의 이름으로 선언되었던 것이다.(1946년 3월 6일「칙어」)

고세키 쇼이치의 논의에서 또 하나 중요한 것은, 왜 '맥아더 장군'이 군인인 자신의 존재 이유와 직접 관련되는 '전력 불보지(不保持)' 원칙을 신헌법에 넣었는가 하는 문제를 제기한 점이다. "맥아더는, 앞으로 '외부의 침략으로부터 일본의 영토를 방위하려 한다면 우리는 육·해군보다는 우선 공군에 의존해야 한다'는 군사 판단을 보여준다. 가상의 적이 소련이며 일본이 섬나라라면 이는 당연하다. 그러한 전제에서 생각하면 오키나와는 그 위치상 미국의 방위선에 있다는 점, 나아가 '강력하고 유효한 공군 작전을 준비하는 데 충분한 면적을 갖고 있다는 점'을 들면서 오키나와를 요새화할 필요성을 제기한다. 그 다음 본토에 대해서는 오키나와를 요새화한다면 '일본 전역에 군대를 유지하는 일 없이 외부의 침략으로부터 일본의 안정성을 확보할 수 있다.' 따라서 일본의 재군비는 필요하지 않다는 판단을 제시했다."[7]

'국체'로서의 천황제 존속, 전쟁 포기와 군사력의 포기에 관한 신헌법의 조항, 그리고 '오키나와의 요새화', 이 세 가지는 밀접하고도 불가분한 세

---

5) 『九條と安全保障』(小學館, 2001).
6) 같은 책.
7) 같은 책.

트로 기능했다. 고세키 쇼이치에 따르면 "헌법 제9조는 국제 사회, 그 중에서도 일본이 수행한 침략 전쟁의 피해국에 대해 천황제를 존치하기 위한 설득 조건으로서 필요한 것이었고, 그 조건을 명확히 하는 데는 전력 불보지를 헌법에 포함시키는 것이 필요했으며, 이에 따라 잃게 되는 군사상의 보장은 오키나와의 요새화라는 맥아더의 정치적·군사적 판단에 의해 헌법상의 규정으로 들어섰던 것이다."[8]

실제로 맥아더의 기본 전략에 응답하기라도 하듯, 1947년 9월 19일 총사령부 정치고문인 W. J. 시볼트(W.J. Sebald)에게 궁내부 어용 담당 데라사키 히데나리(寺崎英成, 1900~1951)는 오키나와를 둘러싼 히로히토의 메시지를 전하고 있다. 거기에서 "천황은 미국이 오키나와와 류큐 외의 여러 섬을 군사적으로 점령할 것을 희망한다. 천황의 의견으로는 이러한 점령은 미국에게 이로울 뿐만 아니라 일본의 보호에도 도움이 된다. 천황은 이 조치가 소련의 위협만이 아니라 점령이 종료된 후에 좌익과 우익이 대두함으로써 소련이 내정 간섭의 구실로 이용할 수 있는 '사건'이 발생하는 것을 두려워하는 일본인에 의해 널리 승인될 것이라고 생각하고 있었다"고 말했던 것이다.[9] 오키나와 전을 최후의 결전으로 지휘하고 막대한 희생을 치렀던 그 오키나와를 히로히토는 자신의 정치적 기반을 안정시키기 위해 미국에게 다시 내주었던 것이다. 히로히토의 이름 아래 오키나와는 탈식민지화의 계기를 빼앗겼고 미국의 군사 요새로서 재식민지화되었으며, 천황의 오키나와 전에 대한 책임은 면책되어 이른바 '복귀' 후에도 그 상황은 근본적으로 변하지 않았던 것이다.

---

8) 같은 책.
9) 宮里政玄, 「戰後沖縄と日本」, 岩波講座 近代日本と植民地 8, 『アジアの冷戦と脱植民地化』 (岩波書店, 1993).

비대칭적인 거울상 관계

'국체'로서의 천황제를 '공산 혁명'을 제지하기 위한 유일한 국가 장치로서 존속시킨다는 것은, 단적으로 말해서 히로히토의 전쟁 책임을 전면적으로 면죄하는 것이며, 그에게 잇닿아 있는 '근대 천황제'의 식민지 지배에 대한 책임도 모호하게 하는 것이다. 사실 극동국제군사재판에서 히로히토의 전쟁 책임은 심판되지 않았으며, '만주 사변' 이전 일본의 식민지 지배와 그 책임에 대해서는 문제조차 삼지 않았다. 극동국제군사재판소 설치의 특별 명령이 나온 1946년 1월 19일의 직후인 2월부터 "가나가와(神奈川)현 가와사키(川崎)시에서 시작하여 1951년 11월까지 홋카이도와 오키나와를 제외한 전국 45도도부현(都道府縣)"에 걸쳐 "대원수 이미지를 불식시키기 위한 여행"으로서, 그때까지의 군복이 아니라 '양복 입은 모습의' 히로히토가 '지방 순행'에 나선다.[10]

패전으로부터 GHQ에 의한 점령 지배라는 불과 2년 정도 사이에, 옛 '대일본제국'의 주체 히로히토는 밖으로부터 찾아온 타자인 맥아더 원수에게 상처받은 뒤, 그 위에 또 상처받기 쉬운 성향(vulnerability)을 굳이 자기 상(自己像)으로 받아들였다. 즉 대원수 군복 대신 양복을 갈아입고, 한 번 더 옛 자유 민권 운동 시대에 메이지 천황이 그랬던 것처럼 전국을 순행하고 새로운 식민주의의 권력 주체로서 행동하기 시작했음을 알 수 있다. 동시에 예전의 대원수와 대치된 군모(軍帽), 선글라스, 콘파이프(corn pipe)[11]에다 군복을 입은 맥아더 원수의 모습은 히로히토를 거세한, 새로운 식민주의적 주체로서의 표상이 되었다.

또한 맥아더가 '대일본제국'의 '국체'인 천황제를 존속하도록 한 것은 미

---

10) 山田郞, 『大元師昭和天皇』(新日本出版社, 1994).
11) 옥수수 심으로 만든 파이프. 제2차 세계대전 후 미국의 총사령관 맥아더가 이 파이프를 물고 일본에 첫발을 내딛었던 것으로 유명하다. 이는 미국 특산품으로 내구성은 없지만 싸고 편한 것이 특징이다.―옮긴이.

국의 점령 정책 자체가 외부에 있었던 외적 타자로서의 '천황'을 재점유하고, 천황제에 의해 상처받은 자신들의 상처받기 쉬운 성향을 전후의 아시아 전략으로 받아들여, 아시아에서 미국의 신식민주의적 권력을 확대하는 장치로 삼은 것이었다.

다카시 후지타니가 분명히 한 것처럼 이미 1942년 9월의 단계에서, 라이샤워(Edwin O. Reischauer, 1910~1990)는 점령 정책에서 천황제를 유효하게 사용해야 한다고 말하고 있다.[12] '대일본제국'은 '천황제'라는 극히 편리한 제도가 있음에도 불구하고 '만주국'에서 천황제를 기초로 하는 괴뢰 정권의 조작을 충분히 할 수 없었다. 그 교훈을 배우면서 미합중국의 점령군은 만주국 황제와 '대일본제국'의 괴뢰적 관계를 좀더 철저하게 하는 형태로 전후 일본의 천황과 미국의 관계를 만들어 나아가지 않으면 안 된다는 것이 라이샤워의 생각이었다.

미국과 일본의 상호 모방적인 '미·일 담합 상징 천황제 민주주의'는, 메이지 유신 이후의 역사 가운데 유일하게 식민지화(colonization)를 수반하지 않은 전후의 민주화였음에도, 신헌법하에서의 일본 국민이 구식민지의 탈식민지화(decolonization) 과정에 대해 식민지 지배의 가해자로서 관련되는 계기를 은폐시켰던 것이다. 그러니까 '미·일 담합 상징 천황제 민주주의' 속에서 새롭게 만들어진 지배와 복종의 관계, 혹은 그것을 지탱하는 일련의 점령기 담론 속에서 산출되었던, 주체화임과 동시에 예속화인 관계는 일찍이 '대일본제국'의 식민지로부터 나오는 소리에 귀를 기울이지 않아도 되는 안전권을, 오키나와를 배제한 열도 내부로 둘러쌌던 것이다. 그 결과로서 오키나와 사람들, 특히 오키나와의 여성들은 "그녀가 열심히 말하려 하고 있는데도 사람들이 들어주지 않는"[13] 위치에 처박히게 되었다.

---

12) タカシ フジタニ,「ライシャワー元米國大使の傀儡天皇制構想」,『世界』, 2000년 3월호.
13) G. スピヴァック,「サバルタン·トーク」, 吉原ゆかり 옮김,『現代思想』, 1999년 7월호.

그녀들은 말을 빼앗기고 미국과 일본의 언어적 응답성의 회로로부터 단절 당했다. 그렇기 때문에 오키나와 전에서 간호 요원으로 동원된 현립 다이이치고녀(縣立第一高女)·오키나와 사범여자부(師範女子部)의 직원과 생도로 이루어진 '히메유리 부대'를 둘러싼 담론으로부터 1994년의 미국 병사에 의한 '소녀 폭행 사건'에 대한 담론을 거쳐 오늘날까지, 오키나와의 여성들은 미국과 일본의 양 지배층에 대해 목소리를 내왔던 것이다. 그러나 그 목소리들이 현재에 이르도록 '미·일 담합 상징 천황제 민주주의'를 위협하지 않는 형태로 항상 변형되고 왜곡되어 안전한 피해자 담론으로 회수된다는 폭력에 계속 노출되어 왔다는 것은 기억에 새롭다.

반도 분단에 대한 일본의 책임

히로히토의 전쟁 책임이 면책되는 상황 속에서 오키나와를 배제한 열도의 일본 국민은 반도의 탈식민지화 과정과 가해자의 응답 책임을 가진 형태로 관련될 계기로부터 차단되었다. 만일 히로히토가 더욱 이른 단계에서 포츠담 선언을 수락했다면, 반도의 해방은 다른 형태로 일어날 가능성이 있었다. 반도가 오늘날까지 분단된 상황에 놓여 있는 책임의 하나는 대원수 히로히토가 패전 결단을 늦게 한 데 있다.[14] 더욱이 조선총독부는 패전 직후부터 오키나와 주둔 미군과 빈번히 연락을 취하면서 조선의 공산주의자나 독립 선동자들이 미군의 점령을 저지하려 한다는 정보를 흘렸다. 조선총독부는 또 소련군의 경성(京城) 입성에 겁을 내고 '건국동맹'을 조직한 여운형을 통해 8월 16일에 정치범을 석방했다. 남기정(南基正)은 이러한 일련의 상황에 대해 "소련군의 점령을 예상하고 정치범, 사상범을 스스로 석방한 총독부는 미 점령군측에 대해 조선 민중과 미국 사이의 '소격(疏隔)을 책동'했던 것"[15]이라고 지적한다.

---
14) 和田春樹,「米ソ占領と朝鮮分斷」,『青丘』17호 (1993).

이러한 정보 조작에 의해 총독부는 미군 상륙 후에도 반도에서 권력 온존을 꾀할 수 있었다. 그것은 일본에서의 점령이 정부 기구를 남긴 상태에서의 간접 통치였기 때문에 가능한 일이었다. 다시 말해 패전 후에도 총독부는 식민지 지배를 계속하려고 했던 것이다. 그러나 한국 사람들의 반발로 총독부는 해체되고, 38선 이남 지역은 미군의 군정에 의한 직접 통치하에 놓이게 된다. 그 결과 "조선의 미군정은 항상 국제적으로는 소련의 영향력과 경쟁하면서 국내적으로는 '인민공화국'과 경쟁하지 않으면 안 되었"고, "1945년 12월 호지(John R. Hodge, 1893~1963)[16]의 '선전 포고'에 대하여" "다음 해 7월 이후 미군정과 공산당은 전면 대결하게 되었으며", 반도에서는 "국제적인 맥락에서의 냉전 개시에 앞선 대립"이 발생했던 것이다.[17]

1910년의 '한국 합병' 이후 반도의 식민지 지배의 최전선이었던 조선총독부가 최후까지 권력을 손에서 놓지 않으려고 했던 것이, 1948년 8월 15일의 대한민국 수립과 9월 9일의 조선민주주의인민공화국 수립이라는 '분단 점령'이 분단 국가로 이어지고 1950년 6월 25일의 한국전쟁 발발에 이르는 경위에 있어서 상당히 중대한 요인이 되었음은 분명하다. 그렇다면 반도에 대한 식민지 지배가 면죄되었다는 것 자체가 탈식민지화의 커다란 질곡이 되고, 현재에 이르기까지 남북 분단을 고정화한 요인이 되고 있는 것이다.

그럼에도 불구하고 오키나와를 배제한 열도 내부에서 한국전쟁은 공산주의의 침공에 대한 자유주의 진영의 싸움인 것같이 묘사되었고, UN 안보리 이사회가 UN군의 한국 파견을 결의한 다음 날인 1950년 7월 8일에는

---

15) 「朝鮮 '解放三年史'と日本占領」, 『世界史のなかの一九四五年』(岩波書店, 1995).
16) 오키나와에 상륙한 후 한국에 들어와 인민 정부 수립을 방해하였으며, 1945년 9월 11일에 미군정청 장관으로 아놀드 소장을 임명, 1948년 한국 정부 수립 때까지 미군정의 책임을 맡았다. ― 옮긴이.
17) 「朝鮮 '解放三年史'と日本占領」.

경찰예비대의 창설과 해상보안청의 증원이 결정되었다. 나아가 7월 28일에는 GHQ의 지령으로 적색 추방(red purge)이 개시되었고, 다른 한편 한국전쟁 특수에 의해 대부분의 관심은 암시장 생활이라는 '야만'으로부터 벗어나는 경제 부흥으로 이동했던 것이다.

차별화된 거울의 상실

이 암시장 문제와 관련하여 상기해 두어야 할 것은 구 '대일본제국 신민'인 구식민지 출신의 사람들이, 오키나와를 배제한 열도 내에서 어떻게 표상되었는가 하는 문제이다.

당시의 상황에서 그들이 놓여 있던 복잡한 위치나 '제3국인'이라는 '용어'가 생긴 배경, 그 의미에 대해서는 우츠미 아이코(内海愛子, 1941~)의 상세한 논의가 있다.[18] 여기에서는 특히 '제3국인' 내지는 '3국인'[19]이라는 새로운 용어가 주로 경찰 용어로서 범죄와 직접 연결되는 뉘앙스(범죄와의 인접성 혹은 인과성의 표상)를 담고 패전 후 담론의 변동 속에서 유통되었던 점에 주목하고 싶다.

일찍이 식민지 지배를 받고 '쵸센'(チョウセン), '반도인'(半島人), '센징'(鮮人)이라고 차별적으로 불렸던 재일 조선인들이 '해방된 인민'으로서 '의기양양'했던 점령하의 수년 동안 "조선인들이 스스로 살아가고자 일어나"

---

18) 「緊急座談會 '三國人' 發言で何が問われているのか?」, 内海愛子・高橋哲哉・徐京植, 『石原都知事 '三國人' 發言の何が問題なのか』(影書房, 2000) 참조.
19) 2000년 4월, 이시하라 신타로(石原愼太郎) 도쿄도지사가 육상자위대 기념 행사에서 "도쿄에서는 불법 입국한 많은 3국인, 외국인들이 거듭 흉악 범죄를 저지르고 있다. 커다란 재해가 일어났을 때는 소요 사건마저 상정할 수 있다"는 발언을 함으로써 문제가 된 용어이다. 원래 '3국인'이란 연합국과 일본인 이외의 나라 사람을 의미한다. 이것이 제2차 세계대전 전이나 전쟁중에 일본의 통치하에 있던 나라의 국민 가운데 일본 내에 살고 있는 사람들의 속칭이 되었고, 패전 직후 한때는 주로 타이완 출신의 중국인이나 조선인을 가리켰다. 지금은 차별 용어라고 하여 일반적으로 거의 사용되고 있지 않다. 이시하라의 위의 말이 의미심장한 것은, 1923년 관동대지진 때 재일조선인이 폭동을 일으킬 것이라는 악선전에 의해 조선인이 학살되었던 일이 있었기 때문이다. — 옮긴이.

"암시장에서 생활 물자를 얻기 위"해 했던 당연한 활동, 혹은 '해방된 인민'으로서 조국에 돌아가려는 중에 "철도 운임을 지불하지 않은 사람이나 지불할 수 없었던 사람"들의 행동이 마치 범죄라도 되는 것처럼 표상되었던 것이다.[20] 그리고 서경식이 같은 좌담회에서 지적한 대로, 그러한 기억이 '야쿠자 영화'나 '만화'라는 대중 문화를 통해 악의 상징으로서 일면적으로 반복 재생산되고 대중적인 과거 인식(popular past)을 규정하는 이미지로서 침투되었던 것이다.

"조선 반도에 있었던 일본인 식민자도 그렇겠지만 일반 일본인이 보면 어제까지 얌전하게 있었던, 자기들로서는 함께 영·미와 싸웠다고 생각하고 있었던 조선인들이 8·15 해방의 순간, 만세라고 외쳐 깜짝 놀랐다고 합니다. 그런 경험은 많은 일본인들이 말하고 있고, 돌아가신 무라마츠 다케시(村松武司, 1924~) 씨의 소설에도 나옵니다. 그러니까 그것은 조선인 대다수가 일본인의 지배를 원망하고 증오했으며 해방을 갈망하고 있었다는 사실을 전혀 이해하고 있지 않았다는 뜻입니다"라는 서경식의 발언은 현재에 있어서도 극히 중요한 의미를 갖고 있다.[21]

왜냐하면 반도를 식민지화한 열도 사람들이 식민지화된 반도 사람들에 대해 타자로서 상상적으로 관계하여, 식민주의의 피해자로서의 '원한, 증오' 그리고 '해방'에 대한 갈망이 흘러넘칠 듯하게 그(녀)들의 마음에 가득차 있었음을 '이해'할 수 없었다는 것을 밝혀주기 때문이다. 그러한 상상력의 발동을 억제한 가장 큰 힘은 바로 식민지 지배 시대를 관통하고 있었던 '황민화'라는 동화 정책이었다. '천황'이라는 '대일본제국'의 주체로부터 '군인칙유'(軍人勅諭)와 '교육칙어'(敎育勅語)라는 두 담론 변동의 호소에 응답함으로써 그저 '민'(民)에 지나지 않았던 사람들이 '신민'으로 격상된

---

20) 「緊急座談會 '三國人' 發言で何が問われているのか?」.
21) 같은 글.

다는 욕망이 부추겨졌던 것이다. 그리고 군대와 학교라는 규율 훈련의 조직 안에서 '천황'의 '신'(臣)으로 상승해 나아가는 욕망을 형성해 온 '대일본 제국 신민'이 스스로를 그러한 주체=예속자(subject)로서 인지하기 위해서는 '황민화'에 의해 '동화'시켜 주었던 식민지 출신의 이등 혹은 삼등의 '신민'을 타자로서의 거울로 삼아 자기 상을 비추는 것이 불가결했던 것이다.

그 거울이 존재하고 있음에도 불구하고 마치 존재하지 않은 것처럼 제거하려고 하는 순간, 재일(在日)의 사람들에게 '3국인'이라는 표상을 주고, 서경식이 말하는 "성가시고 두려운 존재라는 이미지"를 부여했던 것이다. 이 "이미지 속에는 패전 후 예전에는 자신들이 지배하고 탄압했던 구식민지 사람들로부터의 보복을 두려워하는 기분, 자신들이 그들에게 무슨 짓을 했는가를 알고 있었기 때문에 호된 앙갚음을 당하는 것은 아닌가 하는, 뭔가 굴절된 콤플렉스 같은 것이 거기에 있었다"는 서경식의 지적을 좀더 깊이 파고 들어가볼 필요가 있을 것이다.[22]

'피해의 신화'의 기원

만약 구식민지 출신 사람들에 대해 상상력을 발동함으로써 식민지 지배의 피해자인 타자로서의 기분·감정을 이해하려는 노력이 가능했다면, 그것은 식민지 지배의 가해자로서의 자기 상을 비추고, 그 자기 상을 둘러싼 응답적인 책임을 하나하나 말로 해 나아가지 않으면 안 되었을 것이다. 동시에 그러한 말은 식민지 지배와 전쟁의 과정을 통해, 어떤 국면에서 자신들이 가해자성을 떠맡았고 또 떠맡게 되었는가 하는 구체적인 역사성을 가지고 개인사를 검증하는 것으로 향하지 않을 수 없다. 그렇게 되면 그 개인사의 검증은 '대일본제국'의 주체였던 '대원수 천황'의 전쟁 책임과 식민지

---

22) 같은 글.

지배의 책임이 반드시 중첩되게 될 것이다. 그런 의미에서도 '천황'의 식민지 지배와 전쟁 책임을 면책한 것은 가해자로서의 자기 상을 비추는 거울을 깨버린 것일 뿐 아니라 패전 후의 일본어로부터 그 상(像)을 이야기하는 말을 빼앗은 것이다.

열도의 구 '대일본제국 신민'은 '1억 총참회'라는 형태로 히로히토에 대해서는 '참회'했지만, 식민지 지배와 전쟁의 피해자들에 대해서 응답하는 것은 차단했다. 가해자인 '자신들이' 식민지 지배와 전쟁의 피해자들에 대해 "무슨 짓을 했는지 알고 있기 때문에" "호된 앙갚음을 당하는 것은 아닌가 하는" 공포와 전율을 품었던 것이다. 그것과 대치하지 않고 자신 내부에 원인이 있는 공포와 두려움으로부터 벗어나기 위해서 자신들 외부에 "성가시고 두려운 존재라는" '3국인'의 '이미지'를 상정했으며, 거기에 자신들의 모습을 가상적으로 비춤으로써, 서경석이 말하는 "'만주'에서 소련군의 강간이라는 이야기와 조선 반도를 통해 귀환하던 때의 고생담, 그리고 패전 직후의 암시장 체험"이라는, "일반 일본인이 참혹한 꼴을 당했다고 하"는 일련의 '피해의 신화'가 반복 재생산되었던 것이다.[23]

'일반 일본인' 차원에서의 이 '피해의 신화'는, 극동국제군사재판에서 심판받은 이른바 전범 이외의 '대일본제국' 육·해 양군의 귀환병, 즉 '복원병'(復員兵)들이 전장에서, 전투에 의해 단숨에 식민지화를 밀고 나아갔던 '만주'로부터 '동남아시아' 그리고 '남양군도'에서 가해자로서 저지른 자신들의 행동에 대해, 공적인 자리에서는 대부분의 경우 계속해서 침묵을 지켰다는 것과 쌍 구조를 이룬다. 전쟁 행위에서 주체화=예속화했던 병사들이 자신들의 가해 행위를 말로 이야기하지 않으면, 개인사에서의 구체적인 역사성에 대한 기억은 망각되고 결국에는 소거되고 만다. 그리고 그러한 침묵에 의해 떠받쳐짐으로써 '피해의 신화'를 말할 수 있게 되는 것이다. 물

---

23) 같은 글.

론 그것을 말하는 측에도 듣는 측에도 구식민지에서 지배받았던 피해자로서의 차이를 주장하는 자가 포함되어서는 안 된다. 당연한 것 같지만 이러한 '일반 일본인'에 의한 '피해의 신화'는 구식민지 출신 피해자의 체험에 대한 증언에 의해 곧바로 "가해자의 자기 변명과 책임 회피"로 전도될 가능성을 내재하고 있다.

'일반 일본인'이 스스로를 전쟁의 피해자로 표상하는 욕망을 파기하지 않는 한, 구식민지 사람들의 목소리는, 가령 나올 수 있었다고 해도 그 목소리는 "이해받을 수조차 없는" 위치에서 계속해서 멸시당하는 것이다. '천황'의 전쟁 책임을 면책한 채 이른바 '전쟁 체험'을 둘러싼 '피해자 신화'의 담론 공동체는, 그런 까닭에 단일 민족으로서의 균질적인 기분·감정의 공유를 과도하게 찾게 된다. 전쟁의 원흉으로서 모든 책임을 지게 된 도조 히데키(東條英機)를 비롯한 A급 전범들은 '대원수 천황'과 분리되어 심판받았다. 그들로 표상되는 '군부의 중추'에 의해 기도되었고 '교육칙어' 체제의 군국주의 교육에 의해 마인드 컨트롤되어 전쟁에 협력하게 된 주체가 아닌 예속자 상으로서, '일반 일본인'의 자기 상은 면책되는 것이다. 그리고 그 면책에 의해 가해자로서 고발되는 소리를 듣지 않아도 되는 안전권 안에 자신을 들여놓을 수 있게 된 것이다.

전후의 '문명'과 '야만'

단절된 과거

여기에서는 동시대에서 가장 커다란 영향력을 지닌 담론 가운데 하나인 마루야마 마사오(丸山眞男)의 「초국가주의의 논리와 심리」를 상기해 두기

---

24) 『世界』, 1946년 5월호. 이 글은 『현대 정치의 사상과 행동』, 김석근 옮김 (한길사, 1997)에 번역되어 실려 있다.

로 하자.[24] 마루야마는 이 논문에서 근대 천황제하에서의 '자유로운 주체 의식'의 부재와 '천황으로부터의 거리'라는 권위 체계의 상하 상호 관계에서밖에 자기 규정을 할 수 없는 이 나라 '개인'의 모습을 분석한 다음, 그 심리와 침략적 식민주의와의 관련에 대해 다음과 같이 분석하고 있다.

> 메이지 유신 직후에 타올랐던 정한론이나 그후의 타이완 파병 등은 막부 말기 이래 열강의 중압을 끊임없이 피부로 느끼고 있던 일본이 통일 국가 형성을 기회로 일찌감치 서구 제국주의의 소박한 모방을 시도한 것으로, 거기에 "서쪽 이웃에서 빌린 돈을 동쪽 이웃에게 독촉"하려는 심리가 흐르고 있다는 것은 부정할 수 없다. 생각건대 메이지 이후 오늘날까지의 외교 교섭에서 대외 강경론은 항상 민간에서 나오고 있다는 점도 시사적이다. 게다가 우리는 이번 전쟁(제2차 세계대전—옮긴이)중에 중국이나 필리핀에서 저지른 일본군의 포악한 행동에 대해서도, 그 책임의 소재야 어떻든 간에 직접적인 하수인은 일반 사병이었다는 뼈아픈 사실에서 눈을 돌려서는 안 될 것이다. 국내에서는 '비루한' 인민이며 영내에서는 이등병이지만, 일단 외지에 나가게 되면 황군으로서의 궁극적 가치와 이어짐으로써 무한히 우월한 지위에 서게 된다. 시민 생활에서 그리고 군대 생활에서 압박을 이양해야 할 곳을 갖지 못한 대중들이 일단 우월한 지위에 서게 될 때, 자신에게 가해지고 있던 모든 중압으로부터 일거에 해방되려고 하는 폭발적인 충동에 쫓기게 되는 것은 전혀 이상하지 않은 것이다. 그들의 만행은 그런 난무(亂舞)의 슬픈 기념비가 아니었을까.(물론 전쟁 말기의 패전 심리나 복수심에서 나온 폭행은 또 다른 문제이다.)

메이지 유신 이후의 식민주의에 대한 평가를 둘러싸고 내가 마루야마와 견해를 달리하는 것은, 이미 이 책의 제1부에서도 밝혔지만, 그 중요한 차이에 대해서만은 꼭 언급해 두고 싶다. 천황이 '절대적 가치체'가 될 수 있었던 것은 막부와 미국을 비롯한 제국주의 열강들 사이에 맺어진 불평등 조약에 대해 고메이(孝明) 천황이 허가를 내리지 않은 까닭에 '존왕양이'라는 슬로건이 가능하게 되었기 때문이다. 메이지 천황하에서의 '존왕 개국' 노선 중에서는 '존왕' 속에 '양이'가 편입되어, 삿쵸 번벌 정권을 천황과 분리해 비판할 때에 민권파나 재야의 '민간' 사람들이 '대외 강경론'(조약 개정을 둘러싼 서구 열강에 대한 강경론)을 주장할 수 있었던 것은 천황이라는 이름 아래에서였던 것이다. 천황에 다가가려는 욕망을 자극함으로써만 자신들이 '문명 개화'라는 이름 아래 서구 열강의 논리나 사고 양식에 의해 자기 식민지화하고 있다(식민지화되어 있다)는 것을 의식의 중심에서 멀리할 수 있었고, 머지않아 의식하지 않아도 되는 영역으로 가라앉혀 천황의 이름 아래 뚜껑을 덮고 이를 은폐할 수 있었던 것이다. 그렇게 하여 식민지적 무의식의 영역이 구조화되어 갔다.

그러나 그것만으로는 자신이 서구 열강의 사람들과 대등한 '문명인'이 되었다는 증거를 얻을 수는 없다. 자신을 비추는 거울로서의 '야만인'을 항상 옆에 끌어당겨 놓을 필요가 있었던 것이다. 그렇게 하지 않으면 '문명인'으로서의 자기 동일성을 확보할 수 없다는 불안과 강박 관념이, 메이지 유신 직후부터 자신들이 '야만인'이 사는 지역이라고 정해 놓은 곳에 대한 식민지 침략으로 사람들을 몰아세웠던 것이다. 그것이 바로 과도한 식민주의적 의식을 낳은 최대의 요인이다.

식민지적 무의식과 식민주의적 의식의 분열을 의식하지 않아도 되기 위해서는, 대외적으로도 '국내'적으로도 '비루한' 자가 '외지'에 나가 '황군'의 일원으로서 혹은 '황군'과 함께 '우월한 지위에 설' 필요가 있었다. 이러한 전제에서만 나는 마루야마가 말하는 "압박을 이양해야 할 곳을 갖지 못한 대중들이 일단 우월한 지위에 서게 될 때, 자신에게 가해지고 있던 모든 중압으로부터 일거에 해방되려고 하는 폭발적인 충동에 쫓기게 되는 것은 전혀 이상하지 않은 것이다'라는, 식민지나 전장에서 이루어진 '만행'(蠻行)의 이유를 들고 있는 것에 동의한다.

그것과 동시에 '만행'이라는 말 자체에 '문명' 대 '야만'이라는 식민주의적 이항 대립적 배치(binarism)가 각인되어 있다는 사실에 대한 비판도 잊어서는 안 될 것이다. 왜냐하면 일단 '야만'의 시대로서 분리된 과거는, '문명'으로서의 현재가 두 번 다시 되돌아오지 않는 타자의 영역으로서 현재의 자기로부터 단절되어 무연(無緣)하고 무관한 시공으로 밀려나 곧 망각되고 말기 때문이다.

우월한 지위로부터 열등한 지위로

패전 후의 일본인과 '3국인' 문제를 생각하는 데 있어, 마루야마 마사오의 문제 설정은 다음과 같이 재편되지 않으면 안 된다. 즉 일단 우월한 지위에 서는 것을 경험하고 압박을 이양해야 할 곳을 가져 모든 중압으로부터 일거에 해방되려는 폭발적인 충동을 폭력이나 침략 행위로서 실천한 체험을 가진 사람들이, 그것들 전부를 잃고 옛날에는 자신보다 열등했다고 믿어 의심치 않았던 '반도인'이나 '센징' 그리고 '타이완인'이 '해방 국민'으로서 자신들보다 우위에 서고, 게다가 점령군으로부터 새로운 압박을 받으면서도 그것에 대해 무력한 자신(들)을 어떻게 할 도리가 없다고 한다면, 거기에서 어떠한 심리와 정신 구조가 발생할까 하는 것으로 말이다.

아마 우월한 지위였던 자가 열등한 지위가 된 경우에는 원래 열등한 지위에 있었던 자가 우월한 지위였던 자에게 품고 있었던 것과는 비교가 되지 않을 정도로, 새로이 우월한 지위에 선 자에 대해 굴절된 원한, 시기, 질투, 선망, 증오, 즉 르상티망(ressentiment)[25]을 내부로 향하게 하는 형태를 띠게 된다. 더욱이 그것은 해방될 곳이 없기 때문에 일상적인 기분·감정의 밑바닥에 계속해서 자리하면서 기회가 있을 때마다 강렬한 차별 의식으로서 음습하게 서서히 바깥쪽으로 스며 나오는 것이다. 또한 그러한 자신의 차별적인 르상티망의 기분·감정에 직면하고 싶지 않은 사람들은 '3국인'이 존재하고 있음에도 마치 존재하지 않는 것처럼 재일(在日)의 사람들의 현실을 보지 않으려고 하든가 모르는 척하게 된다. 이러한 차별적인 르상티망에 지배된 기분이나 감정은 꼭 일본적인 특수한 것이 아니라 식민지를 잃은 구식민지 지배자에게 공통되는 것이고, 신나치 등의 인종 차별주의로 계승되고 있다. 상징 천황제의 존속에 의해 메이지 유신 이후의 식민지적 무의식과 식민주의적 의식의 결합이 단절되지 않았기 때문에, 열도의 사람들은 반도의 탈식민지화를 자신들의 문제로서 받아들이는, 기분이나 감정까지도 포함한 사상의 계기를 잡을 수가 없었던 것이다.

'야만'적 과거로서의 '독재주의'

소련군과 미군의 점령에 의한 반도의 분단과 그것을 '공산주의'와 '민주주의'의 대립 구조인 양 그려내는 담론은 패전 후의 일본에서는 현실의 냉전 구조에 선행하여 유통되었다.

이 시기의 '공산주의'에 대한 반감을 선동하는 글 가운데 가장 많이 유통되었던 것 중의 하나로, 상하 두 권으로 발간된 문부성 저작의 교과서 『민주주의』(徑書房, 1995, 복간본)가 있다. 상권은 대한민국(8월 15일)과 조선민주주의인민공화국(9월 9일)의 수립에 의해 반도가 분단 국가가 되고, 열도에서 아시다 히토시(芦田均) 내각이 총사직하며(10월 7일), 제2차 요시다 시

---

25) 프랑스어로 원한이나 반감이라는 의미이지만, 19세기 독일의 철학자 니체가 프랑스어 그대로 사용한 이래 철학과 심리학상의 용어가 되었다. 니체가 말하는 르상티망은 강자에 대한 약자의 반감이나 원한이 내부로 향해져 울적해지는 상태를 가리킨다. 약자는 자신의 처지를 벗어날 수가 없고, 생활의 향상을 바라지만 그렇게 안 되는 것이 분명해지면, 자신의 열등감에 대한 보상으로서 자신의 무력감을 선량함으로, 비굴을 겸허로, 예속을 순종으로, 강자에 대한 복수가 불가능함을 복수하고 싶지 않다는 것이나 관용으로 그 가치를 역전시키는 도덕률을 찾아낸다고 한다. 그리하여 니체는 약자의 도덕 근저에 르상티망이 존재한다고 주장하면서 그리스도교의 도덕은 '노예'(약자)의 도덕이며 르상티망의 산물이라고 생각했다. 『文藝用語の基礎知識』(至文堂, 1985) 참조.—옮긴이.

게루(吉田茂, 1878~1967) 내각이 발족한(10월 19일) 직후인 1948년 10월 30일에 나왔다. 또 하권은 북대서양조약기구(NATO)가 발족하고, 미국의 안전보장회의에서 오키나와를 항구 기지로 한다는 결정이 나오며, 독일의 동서 분열이 양국의 헌법 채택에 의해 결정적으로 되고, 맥아더가 "일본은 공산주의 진출 저지의 장벽"이라는 발언을 했던 1949년 7월 4일에서 약 1개월 반 후인 8월 26일에 발행되었다. 이 『민주주의』는 1953년까지 중학교와 고등학교의 사회과 교과서로 사용된다.

『민주주의』의 제1장 '민주주의의 본질'에서 '민주주의의 반대는 독재주의이다. 독재주의는 권위주의라고도 한다. 왜냐하면 독재주의하에서는 위에 선 자가 권위를 독점하여 아래에 있는 사람들을 마음대로 부리기 때문이다'라고, 신헌법 아래서 선택된 '민주주의'의 적대자, 즉 타자로서의 '독재주의'를 새로운, 자기를 비추는 타자로서의 거울로 설정하고 있다.

게다가 이 타자로서의 거울인 '독재주의'를 과거의 '대일본제국'으로 그려내면서 "문명이 향상되고 인지가 발달함에 따라 전제주의나 독재주의의 방법도 점차 능숙하게 된다"고 하여 '문명화'된 '독재주의'로 위치 짓고, "독재자들은 그들의 탐욕스럽고 오만한 동기를 노골적으로 드러내지 않고 그것을 도덕이라든가 국가의 명예라든가 민족의 번영이라든가 하는 나들 이웃으로 치장하는 편이 한층 편의적이며 효과도 높다는 것을 발견했다"고 하며, 또 '도덕', '국가의 명예', '민족의 번영'이라는 형태로 일종의 윤리화된 내셔널리즘이 '문명화'한 '독재주의'를 지탱해 왔다고 하는데, 그런 의미에서는 옳은 분석을 하고 있다.

그러나 그러한 내셔널리즘을 담당한 '국민'에 대해서는 "제국의 영광을 지킨다는 미명하에 사람들이 복종하고 마차를 끄는 말처럼 일하며 목숨을 내걸고 싸웠다"고 하여, 어떠한 '미명하에' '복종'하게 된 수동적인 위치를 부여받은 자로 그려내고 있다. "그들은 독재자들의 야망에 조종되고 있다는 것도 모른 채 그렇게 하는 것이 의무라고 생각했으며, 그렇게 하여 죽어 갔던 것이다'라고, '의무'의 논리에 속아 "조종되고 있다는 것을 몰"랐던 자로서 비주체화되고 있는 것이다.

이렇게 '독재주의'를 수행한 주체와 그 '동기'를 '모른 채' 휩쓸렸던 비주체를 분리한 다음, "실제로 그렇게 하여 일본도 극히 무모한 전쟁을 시작해 가장 비참한 패배로 끝났으며, 국민 모두가 독재 정치에 의해 초래된 도탄의 고통을 골수에 사무치도록 맛보았다. 앞으로의 일본에서는 그러한 일은 두 번 다시 일어나지 않을 것이라고 생각할지도 모른다. 하지만 이렇게 말하며 안심하고 있을 수는 없다. 독재주의는 민주화될 앞으로의 일본에도 언제 어디로부터 숨어들지 알 수 없다. 독재주의를 이용하려는 자는 이번에는 다시 방법을 훨씬 능숙하게 바꿀 것이다"라고 '독재주의'가 부활할 가능성이 있다는 점에 대한 경계를 호소하고 있다.

'문명', '진보' 로서의 민주주의

나아가 제2장 '민주주의의 발달'에서는 영국, 미국, 프랑스에서의 '민주주의의 발달'을 시민 혁명의 성취 이후의 역사로서 파악하며, '국민'의 오랜 역사적 노력이야말로 민주주의를 지탱해 왔다는 사실을 강조하고 있다. 또 제3장 '민주주의의 제도들'에서는 영국, 미국, 스위스의 제도가 다양한 정치·선거 제도의 '주요 형태'로서 소개된다.

다시 말해 영국, 미국, 프랑스 내지 스위스가 '야만'적 '독재주의'에 대해 '민주주의'를 발전시킨 '문명'의 선진국이라는, 새로운 서양 중심주의(occidentalism) 혹은 유럽 중심주의(eurocentorism)에 근거하는 이항 대립주의의 담론 체계가 형성되었던 것이다. 그리고 그러한 '민주주의'에 대한 서술 방식은 영국, 미국, 프랑스에서는 시민 자신들이 피를 흘린 혁명에 의해 '민주주의'가 획득된 것에 비해, 일본의 인민은 결국 자신들의 힘으로는 '민주주의'를 쟁취할 수가 없었다는, 늘 콤플렉스를 내포한 인식의 양식을 재생산해 왔다. 이러한 담론 양식은 역사적 사실의 일면을 포착하면서도 '민주주의'의 문제를 한 나라 내부의 제도로써만 파악함으로써 그러한 정치적 제도가 가능하게 된 자본주의를 지탱해 온 식민주의와 식민지 지배의 문제는 전부 소거하고 있다. 그런 까닭에 자칫 잘못하면 신식민주의(neo-colonialism)를 용인하는 담론의 틀이 되기 십상인 것이다.

특히 미국이 식민지로부터 독립하여 국민 국가가 되고 국시(國是)로서 식민지를 보유하지 않았다는 말은, 마치 미국이 가장 '자유'롭고 '민주적'인 국가의 모형인 것 같은 환상을 재생산하고, 그후의 미 제국주의의 세계 패권 획득에 이르는 전개를 보기 어렵게 만드는 기능을 담당했다. 서구의 선진적인 '민주주의' 국가를 모델로 하는 자기 상을 획득하는 데 필요해 타자로서 묶어낸 '독재주의'를 대표하는 것은 '히틀러'의 '나치즘'이고 이탈리아의 '파시즘'이며, 또한 '일본인에게' "옛날부터 천황을 거룩하다고 생각하는 느낌이 있다"는 것을 '이용해' "천황의 실제 생각이 어땠는지와는 상관없이" "좋든 싫든 간에 국민을 전장으로 보낸" "전쟁을 계획한 자들"인 것이다. 극동국제군사재판의 논점과 마찬가지로 '천황'과 군 상층부를 분리하려는 시도 아래 '천황'의 이름이 사용되었을 뿐이라는 논법이 등장했음은 분명하다. 이러한 논의가 전개되고 있는 것이 제6장 '각성한 유권자' 가운데 '선전에 의해 국민을 속이는 방법'이라는 항목이라는 데 주의해야 한다.

왜냐하면 '파시즘'이나 '나치즘'으로 대표되는 과거의 '전체주의'에서 특징적인, '선전에 의해 국민을 속이는 방법'을 오늘날에도 여전히 사용하고 있는 것이 "선동 정치가, 특히 선동적 공산주의자"라고 단정하고 있기 때문이다. 더욱이 "선동 정치가가 민중을 선동하는 것을 영어로는 데마고기(demagogy)라고 한다. 일본에서는 이를 줄여서 '데마'라고 부른다. 일본

패전 후의 식민지적 무의식 117

어로 데마를 날린다(デマを飛ばす, 헛소문을 퍼뜨린다는 뜻 — 옮긴이)고 하면 무책임한 엉터리를 퍼뜨린다는 의미이다", "아주 그럴싸한 데마에는 어지간히 정신차리지 않으면 대개의 사람들은 속는다"고 한 다음, "지금까지 일본에서는 자유로운 생각을 지닌 진보적인 사람들이 '저 놈은 빨갱이다'라는 한마디에 의해 실각당했다. 민주주의가 유행하기 시작하자 '저 놈은 반동주의자다'라고 말해 온건한 생각을 가진 사람들을 매장시키려고 할 것이다'라는 형태로 과거와 현재·미래의 거울 관계가 강조되는 것이다.

다시 말해 '상징 천황'과 단절되어 모든 전쟁 책임을 지게 된 '전쟁을 계획한 자들'인 군 상층부가 과거의 '선동 정치가'이고, 그들은 '아주 그럴싸한 데마'에 의해 세뇌하고 "좋든 싫든 간에 국민을 전장으로 보낸" 사람들이다. 그 때문에 그들은 '자유'롭고 '진보적인 사람들'에게 "저 놈은 빨갱이다"라는 레테르를 붙여 배제한 것과, 현재의 '선동적 공산주의자'가 '온건한 생각을 지닌 사람들'에게 "저 놈은 반동주의자다"라고 비판하고 미래의 공산 '혁명'에 '좋든 싫든 간에' 들여보내려고 하는 것은 동질이라는 거울상적 도식이 제시되었던 것이다. 물론 과거의 '자유'롭고 '진보적인 사람들'이야말로 현재의 '온건한 사람들'이며, 결과적으로 이러한 '사람들'이 과거 '천황의 실제 생각'을 안 다음 현재로부터 미래에 이르는 '상징 천황제'를 지탱해 나아가는 '사람들'로 위치 지어져 있는 것이다.

이러한 역겨운 과거와, 현재와 미래의 '공산주의'에 대한 공포를 등가 관계에 놓는 도식화는 제8장 '사회 생활의 민주주의'의 '개인주의'라는 항에서 다음과 같이 이루어지고 있다. "전체주의는 개인의 존엄성을 인정하지 않는다. 개인은 전체를 위해 희생하지 않으면 안 된다고 가르친다. 전시중의 일본에서는 멸사봉공(滅私奉公)이라는 말이 활발하게 주창되었다. 개인의 행복, 아니 개인의 생명을 버리고 국가를 위해 죽어야 한다는 의미이다. 국민에 대해서는 '생명을 기러기 털의 가벼움에 비하'는 것이 요구되었다.

이탈리아의 파시즘도 마찬가지의 극단적인 국가주의를 취했다. 독일의 나치즘은 국가 대신 민족 전체를 절대 지상의 존엄한 것으로까지 치켜세웠다. 그뿐 아니라 오늘날의 소련과 기타 공산주의자 속에서도 이와 유사한 전체주의적 사고 방식이 있는 것으로 보인다." 논하고 있는 주체의 책임을 '있는 것으로 보인다'는 추측 표현에 의해 회피하는 형태로 전시하의 '전체주의'와 오늘날의 '전체주의'가 동일화되고 있다.

'야만'적 '독재주의'로서의 '공산주의'

'공산주의'는 '독재주의'라는 도식이 완성된 것은 제11장 '민주주의와 독재주의'에서이다. '공산주의의 입장'이라는 항에서 교과서 『민주주의』는 전중·전후를 다음과 같이 총괄한다.

> 제2차 세계대전은 민주주의를 지켜내려는 나라들의 힘에 의해 이탈리아의 파시즘이나 독일의 나치즘, 일본의 군벌 독재 정치를 철저하게 분쇄했다. 그 독재주의들은 전후의 세계로부터는 일소되었다. 그렇다면 현대에는 이미 독재주의가 완전히 없어져 버린 것일까?
> 아니, 그렇지는 않다. 오늘날의 세계에도 아직 또 하나의 독특한 독재 정치의 형태가 남아 있다. 그것은 이른바 '프롤레타리아의 독재' 혹은 '노동 계급의 독재'이다. 이 독재주의는 파시즘이나 나치즘과 달리 '공산주의'에 입각해 있다. 원리적으로 말하자면 공산주의는 사회주의의 철저한 형태이며, 일반적으로 사회주의가 그 자신으로서는 민주주의의 정신과 모순되는 것이 아닌 이상, 공산주의도 역시 민주주의와 상반된 것이 아니라는 식으로 생각될지도 모른다. 그렇지만 이른바 '프롤레타리아의 독재'와 연결된 공산주의는 자본주의와 사회주의 사이의 다양한 중간 형태를 폭넓게 포용하여, 그 중의 어느 것을 취할지 국민 다수의 의지로 결정해 나아가려는 민주주의와는 아주 다른 성격을 갖고 있다.

여기에서 '프롤레타리아 독재와 연결된 공산주의'를 제2차 세계대전 후에도 살아남은 '민주주의'의 적으로 그려내는 냉전 구조적인 담론의 변화가 확립되어 있는 것은 분명하다.

'파시즘', '나치즘', '군벌 독재 정치'는 '민주주의를 지켜내려는 나라들의 힘', 즉 연합국의 군사력에 의해 '철저하게 분쇄' 되었다. 그러나 같은 연합국이었던 '소련'에서의 '프롤레타리아 독재'는 살아남았다. '프롤레타리아 독재'라는 항에서는 '소비에트 민주주의' 비판이라는 형태로 냉전 구조적인 담론의 변화, 그 적의 상(像)이 확정되어 간다.

그렇지만 이른바 '프롤레타리아 독재'는 과연 인민의 대다수를 점하고 있는 노동자나 농민이 자신들의 자유로운 의지에 따라 행하는 정치일까? 소련에서 실제로 행해졌던 사실에 따라 판단한다면 공산주의자가 말하는 '프롤레타리아 독재'란 사실 '공산당 독재'이다. 더욱이 그 실체를 자세히 보면 그것은 단지 당의 독재일 뿐 아니라 실제로는 '공산당 간부의 독재'인 것이다. 소련에는 현재 30인의 위원 및 위원 후보로 구성된 당 중앙위원회의 '정치국'(Politburo)이 있어, 공산당의 중요한 정책은 모두 이 정치국에서 결정된다. 따라서 정치국에서의 결정이 당의 결정이 되고, 그것이 나라 정치의 근본을 움직여 나아간다.

그렇기 때문에 그런 체제에서는 "진정한 의미에서의 언론의 자유는 없고" '선거의 자유'도 '제한'되며, "정치상의 자유는 그저 형식적인 것으로" '경제상의 평등'이 도모될 것이라고 보며, "다수결이라는 것도 형식적으로는 존중되어도 실질적으로는 부정된다"고 한다. 그리고 "독재주의는 폭력의 철학에 입각하고 있다"고 한 다음, "평화와 질서, 이해를 바탕으로 특권적인 소수의 사람들을 위해서가 아니라 살아 있는 모든 사람들에게 행복한, 사회를 수립해 나아가려는 것이 민주주의의 이상이다"라는 미사여구에 의해 패전 후의 '민주주의'라는 어휘에 반공주의가 강고히 편입되어 있었던 것이다.

적색 추방과 '단독 강화'

문부성 저작의 이 교과서 『민주주의』 하권이 출판되기(1949년) 직전부터 '독재주의'의 '폭력의 철학'에 대한 공포를 부추기기나 하듯이 '시모야마(下山) 사건'[26] (7월 5일), '미타카(三鷹) 사건'[27] (7월 15일)이 발생하고, 7월 16일 요시다 시게루 수상은 공산당을 사회 불안의 선동자로 단정하고 국철의 9만 6천 명의 인원 정리를 강행했다. 그리고 7월 19일, GHQ의 민간 정보교육국 일즈(Walter C. Elles) 고문이 니가타(新潟)대학에서 "공산당원인 교수는 대학을 떠나는 것이 합당하다"는 강연을 하고, 전후의 담론 공간에

---

[26] 1949년, 초대 국철(國鐵) 총재인 시모야마 사다노리(下山定則)가 철로변에서 사체로 발견된 사건. 1949년 당시의 일본 국내는 제2차 요시다 내각이 발족하고 GHQ가 명령한 9원칙의 수행을 사명으로 삼고 있었다. 그 9원칙에는 국철 20만 명을 포함한 전산업 100만 명의 인원 정리 강행이 정부의 과제로 포함되어 있었다. 초대 국철 총재인 시모야마는 국철 직원의 인원 정리에 관한 최고 책임자였다. 한편 노동 단체의 세력이 강해지고 공산당의 의석이 대약진하는 등 해고 반대의 노동 활동이 활발해져 교섭은 극히 곤란하게 되었다. 이러한 배경에서 시모야마 사건이 터졌다. 1949년 7월 5일 노사와의 단체 교섭이 있던 날, 오전 9시 30분 경에 미츠코시백화점에 들어간 것을 마지막으로 그가 행방불명이 되었는데, 다음날인 6일, 철로변에서 사체로 발견되었다. 이 사건이 계기가 되어 국철에서는 단숨에 인원 정리를 가속화했고, 기타의 기업에서도 인원 정리에 성공하는 등 GHQ의 의도대로 일이 진행됨으로써 GHQ가 관여한 것이 아니냐는 추측이 난무했다. 일단 자살로 발표되었지만, 아직도 이 사건이 자살인지 타살인지, 그 배후에 누가 있는지 수수께끼에 싸여 있다.—옮긴이.

[27] 1949년 7월 13일 제2차 해고자 6만 2천 명의 명단이 발표되었다. 그리고 그 이틀 후, 즉 시모야마 총재 사건 10일 후인 7월 15일 오후 9시 24분 쥬오(中央)선 미타카역 구내에서 무인 전차가 폭주해 역사와 역 앞의 민가를 덮쳐 사망 6명, 부상자 20명을 낸 사고가 발생했다. 요시다 수상은 재빨리 16일 오후 5시 '공산주의자의 선동'이라는 기자 회견을 가졌으며 경찰은 일본공산당원을 포함한 10명을 체포했다. 그리고 일종의 정신적 고문과 유도로 자백을 받은 다음 이를 근거로 기소했다. 1심은 검찰측의 주장인 공산당원의 공동 음모설을 '공중 누각'으로 단정하고 한 명만을 무기징역, 나머지 9명을 무죄로 판결했다. 2심에서도 무죄 판결은 유지되었지만 그 중 한 사람에게는 사형이 선고되었는데 당사자는 무죄를 주장하다 옥사했다. 사건의 진상은 분명하지 않지만 시모야마, 마츠카와 사건과 함께 당시의 노동 운동을 후퇴, 좌절시키기 위한 조작 사건이라는 것이 대다수 현대사가들의 평가이다. 시모야마, 마츠카와 사건에서는 미군이 관련되어 있었음에 비해 이 사건에서는 일본 정부가 정면에 나와 있다는 점에 특징이 있다고 할 수 있다.—옮긴이.

서 '자유'롭고 '진보적인' 지식인과 '공산당원인 교수'를 나누고 또 후자를 배제해 나아가는 적색 추방의 도화선에 불을 당겼다. 그리고 8월 17에는 '마츠카와(松川) 사건'[28]이 발생, 공산당원을 포함한 전 국철 노조원 10명, 도시바(東芝) 노조원 10명이 체포된다. 『민주주의』 하권이 발행된 것은 8월 23일이고, 9월에는 많은 국립 대학에서 '적색 교수'에 대한 '사직 권고'의 폭풍이 불어닥치게 된다.

그리고 9월 23일에는 미국 정부가 소련의 원폭 실험을 확인했다고 발표하고, 10월 1일에는 대륙에서 중화인민공화국이 성립, 7일에는 독일민주공화국(동독)이 성립함으로써 유럽과 아시아에서의 냉전 구조가 핵 병기의 길항을 전제로 한 형태로 완성되었다. 10월 21일에는 미국 국무성으로부터 대일강화조약의 검토에 들어갔다는 발표가 있었고, 열도 내부의 논의는 미국이 제안하는 소련이나 중화인민공화국이라는 '공산주의'를 전제로 하는 '프롤레타리아 독재' 국가를 배제하고 미국하고만 강화 조약을 맺는 '단독 강화'인가 아니면 '전면 강화'인가라는 대립의 구도를 취했다.

1950년 2월 14일, '일본 제국주의의 부활'과 '일본의 침략 또는 침략 행위'에 대항하는 것을 공통의 전제로 하여, "할 수 있는 모든 군사적 또는 다른 원조를 한다"는 대일(對日) 조항을 넣은 '중소우호동맹상호원조조약'이 체결된 것도 아시아에서의 냉전 상황에 대한 위기감을 강화하는 요인이 되었다.

그러나 오늘날 간과해서는 안 되는 것이 있다. 나중에 마오쩌둥이 스탈린과의 2개월에 걸친 담판이 있었다는 사실을 폭로한 것처럼('제10회 중앙위

---

28) 1949년(昭和 24년) 8월 17일, 도호쿠(東北) 본선 마츠카와역 근처에서 열차가 전복되어 승무원 3명이 사망한 사건. 당국은 국철과 도시바(東芝) 마츠카와 공장의 노조원, 공산당원의 공동 모의에 의한 것이라고 하여 20명을 기소했다. 제1심에서는 사형 5명을 포함해 전원 유죄로 판결되었지만, 피고들의 알리바이를 증명하는 새로운 증거가 발견되고 미국의 대일 점령 정책의 영향을 느끼고 있던 여론의 영향으로 제2심에서는 부분적 무죄가 되었다가 1963년 최고심에서 전원 무죄로 확정되었다. ─옮긴이.

원회 총회', 1962년 9월), 소련이 동유럽 국가들을 위성권으로 에워싼 것과 마찬가지로 중화인민공화국에 대해서도 위성 국가화를 꾀했다. 그런데 그것에 대해 중국측이 반발하면서, 한국전쟁과 베트남전쟁을 사이에 두고, 이 조약이 1989년 5월의 고르바초프와 덩샤오핑 회담에 이르는 심각한 중·소 대립의 계기가 되었다는 사실이다.

그리고 소련과 중국의 '민족'(nation) 차원, 국가 차원, 그리고 각 공산당의 이데올로기 차원의 대립이 아시아 전역의 탈식민지화에 극히 심각한 질곡을 가져왔던 것도 다시 상기해 둘 필요가 있다.

1950년 2월 13일, 도(都) 교육청에 의한 '붉은 교원' 246명의 사직 권고를 시작으로 교원과 법률 관계자에 대한 적색 추방이 일본 정부 당국에 의해 수행되었다. 6월 6일, 맥아더는 일본공산당 중앙위원 24명의 공직 추방을 지령하고, 한국전쟁 발발 다음날인 6월 26일에는 요시다 시게루에게 보내는 서신을 통해 『적기』(赤旗)의 1개월 정간을 명령했으며, 7월 18일의 『적기』 무기한 정간 지령에 입각해 24일 GHQ는 신문협회 대표에게 적색 추방을 권고했다. 패전 후의 담론 공간을 새롭게 만들어내던 지식인들이 집중되어 있던 교육 기관과 방송·영화·신문이라는 미디어업계, 그리고 전후 부흥을 떠맡은 전기·화학·석탄 산업이 적색 추방의 목표물이 되어, 12월 10일까지 모두 민간 24개 산업의 1만 972명이 해고되었다.[29] 이와 함께 신헌법의 '상징 천황제'에 반대하는 정치 세력도 '폭력'을 전제로 한 '독재주의'라는 레테르를 붙여 배제하였다.

한국전쟁을 "공산 세력의 위협이 이미 우리 나라 주변에 얼마나 다가왔는가를 실증하는 것", "적색 침략자가 얼마나 그 마수를 휘두르고 있는가"를 단적으로 보여주는 사건으로 위치 지은 요시다 시게루는 사회당이 주장한 '전면 강화'에 대해, 그것은 "현실로부터 유리된 언론이며" "스스로 공산

---

29) 『戰後五十年』(每日新聞社, 1995).

당의 모략에 빠지려는 위험천만한 사상"이라고 비판했다. "이렇게 강화 논쟁은 여론을 양분했다. 물론 그것은 당시 일본 정치 사상의 상황을 명확히 반영하는 것이었다. 전면 강화 주장은 전후 일본 평화론의 원류가 되었다. 하지만 그것은 아시아·태평양 여러 나라들의 그것과는 상당히 다른 것이었다. 강화 조약 안에 일본의 전쟁 책임이 전혀 제시되지 않은 것, 전쟁 피해국의 배상 청구권이 포기된 것 등은 논의의 중심에 거의 눈에 띄지 않았"으며, "일본의 전쟁 책임을 당시 국회에서 추궁한 것은 유감스럽게도 하니 고로(羽仁五郎) 한 사람뿐이었다"는 것이다.[30]

적색 추방과 한국전쟁이 한창일 때 벌어진 '단독 강화'인가 '전면 강화'인가 하는 양자택일의 논의는 결과적으로 패전 후의 이 나라 사람들이 일찍이 식민지 지배를 했던 지역의 탈식민지화 문제를 자신의 책임으로 파악하지 않도록 만든 사고 정지의 시스템을 구조화하는 화근이 되었다.

식민주의와 전쟁 책임

'단독 강화'와 배상 문제

여기에서는 미국과의 '단독 강화'에서 일본이라는 국가의 직접적인 전쟁 책임을 둘러싼 전쟁 배상 문제가 어떤 경위를 거쳤는가 하는 것을 다시 살펴볼 필요가 있을 것이다. 하라 아키라(原朗, 1939~)는, 제2차 세계대전의 대일배상(對日賠償)은 제1차 세계대전 후 독일에 대한 거액의 배상 요구가 결과적으로 나치스의 대두를 불러와 세계대전을 재발케 했다는 것을 교훈으로 삼은 형태에서 "굉장히 관대한 것이었다"고 한 다음, 그 특징을 다음과 같이 정리하고 있다. "강화를 체결할 때 연합국의 대부분이 미국의 무배상 방침에 찬성하고 배상 청구권을 포기했으며, 일본이 최대의 손해를 끼쳤

---

30) 『九條と安全保障』.

던 중국도 나중에 배상 청구권을 포기했다. 결과적으로 동남아시아 4개국과의 배상 교섭에서 일본은 자신의 입장을 충분히 주장하여 배상 총액의 감액과 지불 기한의 연장을 인정케 했으며, 지불 시기를 패전 후의 곤란한 시기가 아니라 일단 경제가 부흥하고 고도 성장에 들어간 시기로 늦춤으로써 일본은 배상 지불에 대한 부담을 그다지 무겁게 느끼지 않고 지불할 수 있었다. 국민 한 사람당 배상 부담은 준배상(準賠償)이라 불린 무상 경제 협력을 포함한 광의의 배상을 취한다고 해도 약 5천 엔 정도에 지나지 않았다"는 것이다.

하라 아키라는 그것이 "지불 의무자로서의 일본인의 의식에 대해서도 적잖은 영향을 끼쳤다"고 하면서, "가해자로서의 속죄 의식으로 배상을 지불함으로써 국제 사회로의 복귀를 꾀하기보다는 오히려 배상을 하나의 경제적 기회로 파악하고 그것을 현지에 대한 경제적 진출의 계기로 삼는 의식이 더 강하게 작용"했으며, "전쟁에 대한 반성이나 책임에 대한 자각을 충분히 행할 기회를 갖지 않았다"고 지적하고 있다.[31] 다시 말해 배상 지불의 의무를 수행하는 행위에 속죄 의식이 결여됨으로써 그것은 '반성이나 책임에 대한 자각'을 가지는 계기가 되지 않았을 뿐만 아니라, 오히려 '경제적 진출'이라는 이름의, 미국과 결탁한 신식민주의로 전화해 갔던 것이다.

간과할 수 없는 사실로서, 배상 문제가 미국 당국자 상호간에 논의되었던 1947년 3월이라는 단계에서 맥아더가 일본의 구 '만주', 반도, 타이완이라는 구식민지의 포기가 이미 거액의 배상 지불에 해당한다고 하여, 그 이상의 배상에 반대한다는 견해를 발표했다는 점이다. 구식민지의 포기에 의해 마치 식민지 침략과 지배에 대한 책임을 '배상'한 듯한 담론의 변동이 주어졌던 것이다.

---

31) 「戰爭賠償とアジア」, 岩波講座 現代日本と植民地 8, 『アジアの冷戰と脫植民地化』 (岩波書店, 1993).

'냉전' 구조 안에서 일본의 반공 기지화를 꾀한 미국의 배상 청구권 포기라는 '단독 강화'를 둘러싼 정책을 유일한 거울로 삼음으로써, 일본 당국자는 전쟁 책임과 전후 책임을 직시하지 않은 형태로 배상을 둘러싼 '값 깎기'와 '연체'를 기본 노선으로 하는 외교 교섭을 수치심조차 갖지 않고 진행할 수 있었던 것이다. 동시에 구식민지로부터의 귀환자들 가운데서는, 모든 것을 잃었다고 하는 귀환 당시의 실감이 겹치면서 논리적으로는 속죄였어야 할 행위가 어느새 피해를 입었다는 인식으로 바뀔 가능성을 열어주었던 것이다.

결과적으로 소련과 중화인민공화국, 조선민주주의인민공화국을 제외한 '단독 강화' 노선이 진행되었고, 필리핀·호주·뉴질랜드 등의 강한 반대가 있었음에도 미국은 무보상 원칙을 관철하려고 했다. 그 모순은 일본에 와서 강화 방침을 표명한 후인 1951년 2월 11일에 마닐라를 방문한 덜레스 미 국무성 고문이 "일본은 공산주의자가 바라는 중심적인 지역의 하나이고, 가령 일본의 공업 잠재력이나 인적 자원이 소비에트와 중공으로 건너간다면 필리핀은 심각한 위기에 놓이게 될 것이다"라고 필리핀 당국측을 공갈 협박하지 않을 수 없었던 데서도 확실히 나타나 있다. 샌프란시스코 강화회의에 참가한 주요 국가는 배상 청구권을 포기하여, "배상을 희망한다는 의지를 표명한 연합군"은 필리핀·인도네시아·버마·베트남·라오스·캄보디아, 이렇게 6개국이었고, 나중에 라오스와 캄보디아가 배상 청구권을 포기함으로써 일본이 개별 교섭으로 역무(役務) 배상을 할 대상국은 4개국이었다.

'두 개의 중국'과 전쟁 책임의 모호화

'대일본제국'의 식민지 침략 전쟁의 최대 피해국인 중국에 대해서는, 당시 한국전쟁이 한창이었기 때문에 타이완을 지지하고 있던 미국의 의향을 받아들여(강화회의의 시점에서 영국은 중화인민공화국을 승인하고 있었고, 미국과 대립하고 있었던 탓으로 중국 대표는 초청되지 않았다) 타이완의 장제스(蔣介石) 국민당 정권을 강화 조약의 상대로 삼았으며, 대륙을 포함한 전쟁 배상을 주장한 타이완 정부로 하여금 양보를 유도해 배상 청구권을 포기시켰다. 타이완과 대륙으로 분단된 '두 개의 중국'이 전쟁 책임의 문제를 보기 어렵게 만들었던 것이다. '민주주의'화한 일본에서 타이완의 장제스 정권은 반복해서 '독재주의'로 표상되었고, 그것이 탈식민지화의 과정을 둘러싼 모순이라는 사실은 일본 국내에서는 문제되지 않았다.

　패전 후 일본 지식인의 중국에 대한 인식에 커다란 충격을 주었던 것은 다케우치 요시미(竹內好, 1910~1977)였다. 다케우치는 1948년 가을에 「지도자 의식에 대하여」와 「중국의 근대와 일본의 근대」라는 두 논문을 잇달아 발표했다. 다케우치의 논의는 GHQ 지배와 이제 막 만들어진 '상징 천황제'라는 그 시점에서 '일본의 근대'를 통렬하게 비판했다. 「중국의 근대와 일본의 근대」에서 다케우치 요시미는 "저항이 없는 것은 일본이 동양적이지 않은 것이며, 동시에 자기 유지의 욕구가 없는(자기가 없는) 것은 일본이 유럽적이지 않은 것이다. 다시 말해 일본은 아무것도 아니다"라고 간파했다. 그것에 이어 "일본 이데올로기에는 실패가 없다. 그것은 영구히 실패함으로써 영구히 성공하고 있다. 무한한 반복이다. 그리고 그것이 진보인 것처럼 관념화되어 있다"고 말하고 있다.

　추상적인 차원에서, 현재에도 다케우치의 논의는 일정한 설득력을 갖고 있다. 그러나 문제는 도대체 무엇이 '동양적'이고 무엇이 '유럽적'인가 하는 것이며, '일본 이데올로기'란 어떤 사상인가 하는 것이다. 적어도 서양의 침략에 '저항'하는 것이 '동양적'이고 '자기 유지의 욕구', 즉 강한 자아를 갖는 것이 '유럽적'이라는 이분법은, 그것이 통속화되면 이내 식민주의적인 이항 대립주의와 그 뒷면인 아시아적 제국주의의 이항 대립주의에 휘

말리게 된다. 아마 다케우치가 간과한 것은 후쿠자와 유키치적인 '반개'의 논리와 그것과 결부된 '천황제'의 논리에 의해 일본이 아시아에서 '야만'과 '미개'를 계속해서 찾아내지 않으면 안 되었다는 점일 것이다.

그러한 취급을 받아온 중국을 '저항'의 주체로 위치 짓고, "저항이란 무엇인가 하고 묻는다면 루쉰(魯迅)에게 있는 듯한 것이라고 답할 수밖에 없다. 그리고 그것은 일본에는 없든가 적은 것이다"라고 하며, 추상적인 차원에서 중국을 반식민주의의 주체로서 특권화한 순간, '문명'·'반개'·'야만'이라는 후쿠자와적 삼극 구조는 '동양적' '문명' 대 그것을 갖지 않은 일본, '유럽적' '문명' 대 그것을 갖지 않은 일본이라는 이분화된 이항 대립의 변화로 전환되어 버린다.

「지도자 의식에 대하여」에서 말한 "메이지 유신은 혁명으로서 성공한 점에서 실패했다. 신해(辛亥)혁명이 혁명으로서 실패한 것에서 혁명의 원동력을 잃지 않았던 것과는 반대이다"라는 담론은, 도대체 무엇을 가지고 성공한 혁명이라고 하는가 하는 점에서 볼 때 유럽 중심주의적인 '시민 혁명'론을 그 배후에 두고 있는 것이다. 확실히 다케우치는 '근대주의'를 비판했지만 거기에서 '반개'적 굴절을 찾아내지 못했기 때문에 대항축으로서 '내셔널리즘'을 꺼낼 수밖에 없었다.

그런 의미에서 다케우치의 중국론은, 내셔널리즘을 기초로 하는 '성공'한 '혁명'으로서의 중화인민공화국의 건국에 대한 평가가 마오주의의 미화와 함께 중국의 '혁명'이라는 '진보'에 대한 '반개'의 일본이라는 위치를 만들어내고 마는 아이러니를 내포하고 있었다. 그 결과 '독재주의'의 나라 '중국'과 '혁명'에 성공한 나라 '중국'이라는 이중의 상(像)이 상호 관련되지 않고 분립하는 담론 상황이 산출되었고, '중국'에 대한 전쟁 책임을 어떻게 질 것인가 하는 점이 모호하게 되었던 것이다.

더구나 수렁에 빠진 베트남전쟁의 최종 단계에서, 중국과 소련의 대립이 격렬해지는 가운데 중화인민공화국과 미합중국의 화해의 연장선상에서 행해진 '중·일 국교 정상화'(1972년 9월 29일) 때 발표된 '중·일 공동 성명'에서는 전쟁과 식민지 침략에 관련된 일련의 문제는 타이완=중화민국과의 사이에서 처리되었다는 입장을 취했고, '비정상적인 상태는 종료했다'는 모호한 한마디로 전쟁 책임과 전후 책임 문제를 지워버렸다.

'반공주의'와 전쟁 책임의 무화

과거의 '독재주의'였던 '군벌 정치'와 분리함으로써 히로히토의 전쟁 책임을 면책한 '미·일 담합 상징 천황제 민주주의' 체제 안에서, 전후 배상에서 속죄의 계기를 국민적인 규모로 결여시키고 전후의 빈곤이라는 '야만'으로부터 탈출하는 것이 마치 '민주주의' 화인 양 가장되었다. 중화인민공화국이나 조선민주주의인민공화국에 대한 '반공주의'가 그 기분을 밑에서 떠받쳐줌으로써 실천적으로 식민지 침략과 침략 전쟁을 떠맡은 '국민' 한 사람 한 사람의 책임이 그 배후에서 면책되고 말았던 것이다. 그때 담론 공간에서는, 실상 적색 추방과 한국전쟁을 둘러싼 담론이 '공산주의' 대 '반공주의'라는 이데올로기적 대립이었음에도 불구하고, 그것이 마치 '독재주의' 대 '민주주의'라는 바람직한 '문명'적인 정치 제도 내지는 정치 체제의 대립인 것처럼 전도된 데에서 인식상의 왜곡이 산출되었다.

'대일본제국'에서의 '군벌 정치'인 '독재주의'를 과거의 부정적인 유제(遺制)로서 배척하고, 더욱더 '민주주의'적인 일본이 되기 위해서는 현재 혹은 미래의 '독재주의'를 낳는 원흉인 '공산주의'자를 직장이나 지역에서 적발하여 배척하지 않으면 안 된다는 논리의 전도를 가져왔던 것이다. 1925년, 보통선거법과 치안유지법을 끼워 팔기식으로 시행한 이래 '절대적 천황제'에 대해 그리고 '상징 천황제'에 대해서도 반대했던 것이 일본공산당과 그 지지자나 동조자였다는 사실은 이 전도 속에서 대부분 은폐되었고, 기분이나 감정상에서는 '상징 천황제' = '국체 수호'를 버팀목으로 하면서 '신헌법' = '민주주의'에 반대하는 '공산주의'자를 배제하는 것이 정당화되었던 것이다.

실천적으로는 자기 주변에 있는 '공산주의'자='빨갱이'를 '비국민'(非國民)으로 적발·배제·차별하는 행동은 몇 년 만에 이미 20년간 계속되어 온 치안유지법하에서의 생활 관습으로 다시 돌아가는 것에 지나지 않았다. 적색 추방 아래서 '공산주의'자를 적발하고 배제하는 것은, '옥중' 몇 년, '망명' 몇 년이라는 형태로 과거의 '독재주의'와 싸웠던 '영웅'의 이미지를 부여받은 지도자 몇 명의 이름 아래 수년 전부터 단숨에 시대의 총아가 된 듯한 '공산당원'에 대한 '일반 일본인'의 르상티망이 발동한 것이기도 했다.

1948년 3월 10일에 아시다 히토시(芦田均) 내각이 성립하고, 거의 같은 시기에 그때까지 '공산당'의 영향이 강했던 산별 노동조합을 '민주주의'적으로 개변한다는 명목하에 '산별민주화동맹', 이른바 '민동'(民同)이 구성된다. 그 한 달 반 후인 4월 24일, '3국인'='조선인'을 마치 '용공 분자'인 것처럼 묘사하면서 GHQ와 일본의 경찰 권력과 행정이 일체가 된 형태로 귀국 준비를 위해 '모국어' 학습을 하던 조선인 학교를 폭력적으로 폐쇄한 것은 우연이 아니었다. '미·일 담합 상징 천황제 민주주의' 하에서의 새로운 '비국민'에 대한 배제가 발동되었던 것으로, 26일 고베(神戶)를 중심으로 일어난 조선인 학교 폐쇄 반대 데모에 대해서는 미군이 출동해 무력으로 탄압한 결과 1,600명 이상이 체포되었다. 강제 연행된 노동자를 포함해 패전 당시 열도에서 생활하던 약 230만 명의 반도 사람들 가운데 약 170만 명이 남북으로 분단된 각각의 나라로 귀국했고, 나머지 60만 명이 한국전쟁의 발발로 귀국하지 못하거나 아니면 반도에서의 생활 기반을 상실한 탓으로 계속해서 열도에 거주하게 되었다. "그 또는 그녀들과 그 자손들이 재일한국·조선인이 되었다. 재일한국·조선인은 대기업의 정규 종업원으로 고용되지 못했다. 일본인의 차별 의식은 그것을 당연시했다. 일본인의 기업 내 조합도 그 안에 포함되었"다.[32]

과거의 '야만'적 '독재주의'인 '절대적 천황제', 그 아래에서의 침략 전쟁과 식민지 지배 그리고 이것과 자신과의 연속성을 비추는 거울로서의 '3국인'이나 '공산주의'자를 눈앞에서 배제하고, '문명'이며 '진보'이기도 한 '민주주의'의 상징으로서의 미국과 '상징 천황제'만을 자신을 비추는 거울로 삼은 데에 '미·일 담합 상징 천황제 민주주의'가 구조화한 기분·감정의 특질이 있다. 물론 그것만으로는 '야만'의 위치에 떨어진다. 그러므로 현재 그리고 미래의 '독재주의' = '야만'인 '공산주의', 그 일각에 있는 '3국인'으로서의 '조센징'(朝鮮人)이 귀국하는, '적색 침략자'로 묘사된 조선민주주의인민공화국을 '야만'이라는 또 하나의 거울로 삼음으로써 간신히 '반개'의 위치를 유지한 것이다.

당초에 사상, 신조나 '민족'의 다름에 의한 해고나 고용 차별을 받아들였던 패전 후의 노동조합은 '민주주의'의 가장 기본적인 차원인 인권 차원에서 스스로의 토대를 붕괴시키고 말았다. 그 결과 때마침 한국전쟁 특수에 편승한 열도의 기간 산업은 각각의 회사 단위로 노자(勞資) 협조형의 '일본형 공동체주의'적 기업체를 형성했고, 남자들은 옛날 '황군' 병사의 연장선상에서 '기업 전사'가 되어 '진무(神武) 경기'[33]나 '이자나기(いざなぎ) 경기'[34]라는, 천황에 의한 건국 신화와 깊이 관련된 경제 호황의 표상에 의해 스스로를 고취시키면서 경제 부흥이라는 이름의 건국 실천에 동원되었다.

---

32) 遠藤公嗣, 「勞動組合と民主主義」, 『戰後民主主義』(岩波書店, 1995).
33) 1954년 11월부터 1957년 6월까지 31개월 동안 계속된 호경기를 말한다. 1956년 경제백서에서의 "이제 전후(戰後)가 아니다"는 말이 상징하는 것처럼 일본이 전후 부흥으로부터 고도 경제 성장기로 들어가는 출발점이 되었다. 또 이 시기에는 국민 생활이 풍요로워졌으며, 3종(種)의 신기(神器)라고 일컬어지는 흑백 텔레비전, 전기 냉장고, 전기 세탁기가 크게 히트했다.—옮긴이.

그 결과 '일본형 공동체주의적 기업'은, '상징 천황제' 아래에서 절대적인 천황 대신에 각 회사의 사장이나 창립자를 각각의 작은 천황으로 삼아 회사의 이익이라는 사적 이윤 추구가 마치 공익이나 아니면 국익이나 되는 것과 같은 환상을 휘두르면서 '민주주의'와 '신헌법'이 통용되지 않는 무법 지대가 되었던 것이다.

고도 경제 성장과 신식민주의

'냉전'이 '열전' 화하는 기회를 틈타듯이 패전 후의 일본은 자신들의 전쟁 책임과 전후 책임 및 식민지 침략과 지배에 대한 책임을 회피하고 '고도 경제 성장'을 추진하는 조건을 정비하면서 이를 실천하고, 미국을 중심으로 한 아시아 지역에서의 신식민주의의 대리인 역할을 수행해 나아갔다. 베트남이 일본에 대해 지속적인 배상 청구 교섭을 행할 수 없었던 것은 인도차이나전쟁으로부터 베트남전쟁에 이르는, 연합국의 식민지 지배의 지속을 타파하는 '열전'의 한가운데 놓여 있었기 때문이며, 인도네시아도 네덜란드로부터의 독립을 위한 전쟁이 한창이었다는 사실을 잊어서는 안 된다.

과거의 식민지 지배 내지는 군정 지배를 했던 지역 사람들의 반식민지 투쟁과 탈식민지화 운동의 과정에서 잃어버린 생명과 흘린 피를 대가로, 패전 후 미국을 모방한 일본의 '고도 경제 성장'이 실현되었다. 그것 자체가 일본의 전후 책임이라는 것도 명기해 두어야 한다.

이 사실에 대해서 일본 당국자들은 극히 확신범적이었다. 가령 외무성은 "수출이 곤란한 플랜트 류나 종래에는 수출되지 않았던 자본재를 배상으로 공여하고 '친숙'하게 만들어 장래의 기반을 닦는 것이 우리 나라로서도 바

---

34) 1965년 10월부터 1970년 7월까지 계속된 전후 최장의 호경기를 말한다. 이 시기는 경제 성장률이 연평균 10퍼센트를 넘는 고도 성장을 이뤘으며 GNP가 미국에 이어 세계 2위가 되었다. 그리고 컬러 텔레비전, 자동차, 에어컨 등 신 3종의 신기(神器)가 국민 생활을 상징하는 것이 되면서 대량 생산과 대량 소비 시대의 막을 열었다.—옮긴이.

람직하다"고 말하고 있다.35) 또한 대장성은 일본이 "배상 교섭에서 상당한 해를 넘기면서 끈질기게" '깎기'와 '연체'를 주장했던 것이 "실질적 부담을 크게 경감시켰다"고 평가하고, "배상 협정의 체결 기한이 늦추어진 결과, 고도 성장기에 들어간 일본은 대국적으로 보아 그렇게 고생하지 않고 배상을 지불할 수 있었다"고 총괄한 다음, "시기가 늦추어진 것은 부흥한 일본이 동남아시아에 경제적으로 재진출할 때 절호의 발판으로서 배상 지불이나 무상 경제 협력을 이용하는 효과를 가져왔다"36)라고, 거품 경제가 한창일 때 이를 자랑스럽게 말하고 있다. "동남아시아에 경제적으로 재진출한다"(강조 인용자)는 것은 다름 아닌 군정 지배의 시기를 최초의 '진출'로 파악하고 그것을 반복한다는 신식민주의적 야망을 노골적으로 표상하는 것이며, '절호의 발판'이나 '이용'이라는 말에는 '동남아시아'를 일본의 경제 발전을 위한 도구로밖에 파악하지 않는다는 식민주의적 '아시아 멸시' 사상이 줄기차게 연속되고 있다는 증좌인 것이다.

역사 교육과 아시아 멸시

'적색 교원'을 배제한 학교 교육의 장, 특히 지방의 초등학교와 중학교의 의무 교육은 경제 부흥이라는 이름의 국가 재건 운동에 참가하는 '황금 알'을 '일본형 공동체주의적 기업'에 노동력으로서 공급하는 역할을 할당받게 된다. 식민지나 전장에서 귀환한 성인 남성들이 가해자로서의 자신의 체험에 대해 침묵을 지켜간다면 그것은 다음 세대로 전해지지 않는다.

GHQ가 학교에서의 '일본 역사' 수업의 재개를 허용한 1946년 10월 12일 직전에 문부성은 초등학교용 국사 교과서 『나라의 발자취』(くにのあゆみ)를 발행했다.(9월 5일) 이 집필에는 이에나가 사부로(家永三郎, 1913~)

---

35) 外務省賠償部 감수, 『日本の賠償』(世界ジャーナル社, 1963).
36) 大藏省財政史室 편, 『昭和財政史―終戰から講和まで』 제1권 (東洋經濟新報社, 1984).

등의 일본사 연구자가 참여했는데, 주어진 기간은 불과 1개월이었다. 이 『나라의 발자취』에 대해서는 당초부터 '천황제 수호'의 역사 교과서라는 비판이 있었고, 특히 이노우에 기요시(井上淸)는 「'나라의 발자취' 비판」에서 조선·한국에 대한 식민지 지배의 기술을 둘러싸고 혹독하게 지적했다.[37]

이노우에는 『나라의 발자취』가, '청일전쟁'의 원인이 되었다고 하는 임오군란과 갑신정변에 대해 "메이지 15년(1882년) 조선의 경성에서 갑자기 소동이 일어났고, 잇따라 메이지 17년에 다시 일어났다"라고 기술한 것에 대해, "이것들이 전쟁의 원인이 되었다고 쓰고 있지만 소동이 어째서, 누가 일으켰는지, 그리고 조선의 일로 일본과 청나라가 싸운다는 것은 무슨 뜻인지, 전쟁의 원인을 분명히 하지 않았으며, 따라서 그 결과의 의미도 모른다"고 비판하고, '한국 합병'에 이르는 기술에 대해서도 일본의 패전시에 '조선 인민'이 "일본으로부터 해방된 것을 기뻐하고 있다는 사실을 어떻게 볼 것인가" 하는 문제를 들이대었다.

조선·한국 사람들이 반일 내지는 항일 행동을 '일으켰던' 것에 대해 "어째서, 누가"라는 물음을 갖지 않는다면, 그 '원인'도 "결과의 의미도 모른다"라는 입장은 나츠메 소세키의 소설 『문』의 여주인공 오요네가 남편인 소스케나 그 동생 고로쿠라는 남성 엘리트 지식인(혹은 그곳으로부터의 탈락자)에게 한 물음과 겹치고 있다. '신헌법' 발포 후에도 이 나라 역사 교과서는 '어째서'라는 물음을 빠뜨리고 있었던 것이다.

1947년 7월 16일에 나온 패전 후 첫 고등학교 '사회과(社會科) 역사'의 학습 지도 요령에서는 "오늘날 세계의 주류를 이루고 있는 것은 서양 문명이기 때문에 동양의 역사를 알기 위해서도 서양서에 대한 지식이 절대 필요하다"라는 역사 인식과 역사 교육, 역사 학습에서의 서양 중심주의와 유럽 중심주의가 명확하게 내세워지고 있었다. 나아가 '단원 6'의 '제국주의'에

---

37) 『潮流』, 1947년 2월호.

대한 학습에서는 '목표 7'에 "현대에 있어서 과학 기술의 진보와 그에 따른 생활 수준 향상의 가능성을 인식하는 일"에서 '식민지 획득의 필연성'이라는 항목이 세워져 있다.

기미시마 가즈히코(君島和彦)가 지적한 것처럼 "이 구성의 문제점은, '식민지 획득의 필연성'이라는 항목 이름이 상징적이다. 즉 식민지 획득은 필연이고 '정치가의 악의(惡意)'가 아니라 식민지 지배국과 피지배국의 이해를 '양립할 수 없는 미묘한 관계'로서 이해시킨다고 한다면 식민지 지배를 긍정하든가 아니면 어쩔 수 없었던 일이 된다. 예컨대 조선에 대한 일본의 식민지 지배도 양립할 수 없는 이해의 '미묘한 관계'가 되는 것일까? 이 학습 지도 요령에서는 한국의 식민지화와 비슷한 항목은 존재하지 않는다"고 하는 상태였다.[38] 패전 후 고등학교에서의 역사 교육은 결과적으로 반식민주의의 계기도 탈식민지화의 계기도 빠뜨리고 있었던 것이다.

반도에 대한 식민지 침략과 그 지배의 실정을 계통적으로 기술한 것은 1952년판을 전면적으로 다시 써서 검정 신청한 이에나가 사부로의 1955년 판 『신일본사』(新日本史) 등 극히 일부에 한정되었다. 기미시마에 따르면 이에나가의 『신일본사』는 "'헌병 경찰 정치'라는 식민지 지배 방식과 조선인의 항일 투쟁에 대한 강한 관심"에 특징이 있고, "일본의 침략 전쟁에 대한 반성을 명시한 점에서 '사회과학사(史)'로서의 성격을 강하게 띠며 신헌법의 정신을 의식"하고 있는 교과서였다. 또한 '태평양의 싸움'에 대해서도 이에나가는 "조선·타이완·사할린·만주 기타 일본의 점령지에 거주하고 있던 일본인은 맨몸으로 내지(內地)로 돌아가지 않으면 안 되었고, 일본의 해외 자산은 모조리 잃었다. 그러나 그보다 해외 일본의 작전 지역에서 죄 없는 주민들이 입은 생명 및 재산상의 손해는 훨씬 막대한 것이었다. 중국,

---

38) 「戰後歷史敎育と植民地支配」, 岩波講座 近代日本と植民地 8, 『アジアの冷戰と脫植民地化』 (1993).

필리핀, 버마, 인도네시아 등에서는 경작지가 황폐화되고 생산이 떨어졌으며 몇 해가 지나도 여전히 그 상처를 치유할 수 없는 상태였다"라고 기술하고 있으며, 기미시마는 "분명히 전쟁 피해보다 전쟁 가해의 사실에 역점을 두고 있는 점을 중시하고 싶다"고 평가하고 있다.[39]

그러나 같은 해 총선거에서 제1당이 된 정권 정당인 일본민주당(제2차 하토야마 이치로(鳩山一郎) 내각)의 경우 때마침 '헌법 개정' 논의와 겹치면서 교과서 공격을 행하여 교과서 검정이 강화되었고, 사회당의 좌우 양파의 통일과 자유민주당의 결성을 승인한, 다음 해 3월에 '교과서 법안'과 '임명제 교육위원회 법안'이 국회에 상정되었다. 그 결과 전자는 폐지되었지만 후자는 성립, 실시하게 되었다. 이른바 정치 차원에서의 '1955년 체제'는 식민지 침략과 지배의 책임 문제를 패전 후 교육의 장에서 배제하고, 전후 세대의 기억에서 소거하는 기능을 했던 것이다.

이에나가 교과서는 1960년의 미일안보조약 이후 제5차와 제6차의 한일회담을 거쳐 한일기본조약의 체결이 착착 진행되어 갔던 1963년의 검정에서 불합격된다. 이해 정부 주최의 제1회 전몰자 추도식이 거행되고, 침략전쟁과 식민지 지배에 의해 '막대한' '생명 및 재산상의 손해'를 '입은' 피해자의 기억을 소거한 채 자국의 '전몰자'만이 '혈통 내셔널리즘'적으로 추도되어, 1964년 4월에는 패전 후 첫 '전몰자 서훈'이 행해졌다. 이 해에 이에나가 교과서는 대폭적인 수정을 강요받은 다음 간신히 합격하게 된다.

이에나가 교과서 재판과 '한일조약'

이에나가 사부로가 교과서 검정을 헌법 위반이라고 한, 이른바 '교과서 재판' 소송을 제기한 날이 '한일기본조약'이 조인되기 10일 전인 1965년 6월 12일이었다는 것은 우연이 아니다. 왜냐하면 '한일기본조약'의 체결 교

---
39) 같은 글.

섭 전체를 통해 일본측·외무성 당국은 식민지 침략과 지배에 대해 전혀 반성도 사죄도 하려 하지 않고, 오히려 반도에 대한 식민지 지배 시기에 일본측의 힘에 의해 자본주의적 개발의 기초를 만들었다는 발언을 반복함으로써 몇 번이고 교섭을 결렬시켰기 때문이다. 그 전형적인 현상으로서 "조약 체결 직전인 1964년 12월, 일본측 수석대표 다카스기 신이치(高杉晋一)는 '일본은 좋은 일을 했다'라고 말해 다시금 물의를 일으켰다"[40]는 사실을 상기해 두고 싶다.

'한일기본조약'은 전해 8월 2일 존슨 미 대통령 당시 날조되었던 '통킹만 사건'[41](미 구축함이 북베트남의 어뢰정 공격을 받았다는 것. 나중에 이 사건이 허위였다는 것은 미국에서도 분명해졌다)을 구실로 4일부터 시작되었던 북베트남에 대한 '폭격'〔北爆〕이 한창일 때 그 체결이 서둘러졌는데, 그것은 사실상 베트남전쟁에 대응하는 미국·한국·일본의 군사 동맹적 성격을 강하게 띠고 있었다. 1965년 1월 8일에는 이미 한국이 남베트남 파병을 결정하고 있었고, 2월 7일부터 미군에 의한 '폭격'이 개시되었으며, 병으로 퇴진한 이케다 하야토(池田勇人, 1899~1965) 내각이 바뀌어 새롭게 수상이 된 사토 에이사쿠(佐藤榮作, 1901~1975)가 5월 7일에 '폭격' 지지를 표명하게 된다. 그리고 6월 4일에는 소련이 북베트남과의 원조 협정에 조인한다. 바로 '냉전'이 '열전'으로 전환하는 가운데 '한일기본조약'이 국회에서 강행, 체결되었던 것이다. 그리고 7월 2일부터 미·일 안보 체제하에서 군사 요새화된 오키나와 기지로부터 '폭격'을 위한 미군기가 발진하게 되었다.

즉 아시아에서의 미 제국주의의 침략적 패권주의가 노골적으로 발동되는 가운데 반도에 대한 일본의 식민지 침략과 지배의 책임이 알게 모르게

---

40) 같은 글.
41) 1964년 8월 미국은 매덕스, C. 터너 조이라는 두 구축함이 북베트남의 어뢰정에 의해 공격당했다고 주장하여 1965년 2월에 북폭(北爆)을 개시했으며, 3월에는 다낭에 상륙하여 본격적인 전쟁에 돌입했는데, 이를 통킹만 사건이라고 한다. 이를 계기로 베트남전쟁이 시작되었다. ― 옮긴이

조금씩 은폐되고 말았던 것이다. 일본에서 '한일기본조약'에 반대하는 세력의 주장도, 1960년의 '4월 혁명'에서 이승만 대통령을 사임으로 몰아간 한국의 민중을 군사적으로 탄압하며 군사 쿠데타(1961년 5월 16일)로 정권을 잡은 박정희 군사 독재 정권(7월 3일에 권력 장악)과 동맹을 맺는 것은 허락할 수 없다는 점에 역점을 두는 정도였고, 식민지 침략과 지배의 책임을 문제화하지는 못했다. 1964년 4월 6일, 한국에서 학생 데모가 격화되고 한·일 농산부장관 회담이 휴회되었다는 사실은 보도되었어도, 그 학생 데모가 내건 요구가 '대일 굴욕 외교 반대'였으며 '한일기본조약'이 식민지 지배에 대한 반성이나 사죄도 없는 상태에서 교섭이 진행되는 것에 대한 커다란 반발이었다는 점은 충분히 밝히고 있지 않았다. 그런 의미에서 '한일기본조약'의 체결은 한국과만 조약을 맺음으로써 반도에서의 남북 분단을 더욱 고착시키고 한·일 양국을 미 제국주의의 반공 패권 전략 속으로 말려들게 했다. 그리고 베트남전쟁이라는 '열전'에 박차를 가하는 역할을 했을 뿐만 아니라 반도에 대한 식민지 지배의 책임 소재를 국민적인 기억의 문제로서도 그리고 국가의 법적 책임의 차원에서도 분명히 할 기회를 잃게 했던 것이다.

경제 원조라는 이름의 신식민주의

또한 '한일조약 반대 투쟁' 가운데 과도하게까지 표면화한 한국의 박정희 군사 독재 정권에 대한 혐오가 이 시기 열도 사람들의 기분이나 감정의, 무시할 수 없는 편향에 의해 떠받쳐지고 있었다는 사실을 기억해 두지 않으면 안 된다.

1964년 도쿄 올림픽의 개최, 그것을 향한 고속도로나 신칸센(新幹線)의 개통이라는 도시 인프라의 정비, 텔레비전을 중심으로 한 가전 제품의 급속한 보급 등에 의해 8년 전에 외쳐졌던 "이제 전후(戰後)가 아니다"는 슬로건이, 그리고 압도적으로 다수의 사람들에게 이를테면 실감으로 향유될 수 있는 사회적·경제적 기반이 이케다 내각의 '국민 소득 배가 계획'과 서로 어울려 형성되어 있었다. 그런 가운데 일본은 한국의 박정희 군사 독재 정권보다는 훨씬 '민주주의'적인, 즉 '진보'된 국가가 되었다는 환상이 새로운 주변국에 대한 멸시를 내포한 기분·감정으로서 확산되었던 것이다.

일본으로서는 군사 독재 정권은 과거의 유물이고, 그러한 정치 체제, 즉 '군벌 독재 정치'로는 돌아가는 일이 없는 '민주주의'화를 거쳐왔기 때문에, 한국과 비교하면 일본이 훨씬 '진보'하고 '문명'화한, 즉 '근대화'한 국가라는 전도된 환상이 구조화되었던 것이다. 물론 그러한 환상에는 국민 한 사람 한 사람의 생활 수준이 아니라 사적 이익을 추구하고 있는 '일본형 공동체주의적 기업'이 거둔 생산고(生産高)를 '국민총생산' = GNP로 수량화하고, 마치 '소득 배가'가 실현된 것처럼 꾸며 보이는 숫자 트릭이 개재되어 있었다는 것도 틀림없는 사실이다. 한국에 대한 배상의 문제가 '경제 원조'라는 명목으로 슬쩍 바뀐 것도 열도 사람들이 그 환상에 의한 사고 정지로부터 오랫동안 벗어날 수 없었던 요인이었다.

그리고 '경제 원조'라는 이름의 개발형 군사 독재 정권에 대한 가담이 그 후 수십 년에 걸쳐 한국의 탈식민지화와 민주화를 강력하게 저해하는 중대한 원인이 되었다는 것도 분명하다. 그리고 이 1965년은 인도네시아에서는 수하르토를 중심으로 한 9월 30일의 쿠데타에 의해, 그리고 필리핀에서는 마르코스가 대통령이 됨으로써, 일찍이 일본의 군정하에 놓여 있었던 구식민지 지역에 이렇게 친미 개발형 군사 독재 정권이 탄생한 것은 우연이 아닌 것이다. 이들 나라에서는 공산당에 대한 탄압을 비롯한 민주화에 대한 폭력적인 억압이 행해졌고, 결과적으로 일본으로부터의 '경제 원조'라는 이름의 배상은 이러한 군사 독재 정권을 지탱해 주는 역할을 수행했던 것이다.

라이샤워의 근대화론과 아시아 배제

일본은 패전 후 '폐허'나 '암시장'으로 상징되는 '야만'과 '미개'로부터 '문명'인 미국의 원조에 의해 다시 일어섰고, '냉전' 구조하의 '미·일 담합 상징 천황제 민주주의' 아래에서 미국을 거울삼아 한국전쟁이라는 '열전'에 의해 급속하게 경제 부흥을 이뤘다. 이렇게 해서 다시 '반개'의 위치를 확보한 일본은 현재와 미래의 '야만'인 '독재주의'로서의 '공산주의' 국인 '소련', '중공', '북조선'과 한편으로는 대치하면서, 다른 한편으로는 일본으로서는 과거에 해당하는 '개발형 군사 독재 정권'인 한국, 필리핀, 인도네시아 등을 또 하나의 '야만'으로 도구화하면서 '경제적으로 재진출'한다. 이렇게 함으로써 자신의 '문명'도를 측정하는 거울로 삼는다는 패전 후의 3극 구조가 성립한 것이다. 이 신식민지적 무의식과 신식민주의적 의식을 하나의 인식 패턴으로 완성시킨 것이 미일안보조약으로부터 베트남전쟁에 이르는 기간, 주일 대사로서 일본에 보내졌던 라이샤워(Edwin O. Reischauer) 미 대사의 담론 전환일 것이다.

마지막 문제로서 라이샤워의 '근대화' 론을 비판해 두지 않으면 안 된다. 라이샤워의 '근대화' 론은 한마디로 말하면, 자본주의로부터 사회주의로 그리고 결과적으로는 공산주의로라는 통속화된 '마르크스주의'의 경제 발전 단계론과 대치하는 형태로 만들어진, 결국에는 모든 나라들이 미국형 소비 생산 국가가 된다는 '발전'·'진보'의 신화이다.

'민주주의'적으로 권력을 분산시킨 국민 국가. 모든 생산물과 노동력의 상품화. 연속적인 기술 혁신을 담당할 수 있는 노동력을 기업에 공급할 수 있는 학교 교육 시스템. 과학성과 합리성에 근거하는 기업의 이윤 추구와, 그 성과인 '국민 경제'(national economy)로의 환원에 의해 소비를 확대하고 안정된 수요의 증가를 꾀함으로써 한 사람 한 사람의 국민 생활의 최저 수준을 끌어올려 가는 것 등. 요컨대 라이샤워의 '근대화' 론은 1930년대 후반에 미국에서 실천된 뉴딜 정책—기업(노동조합도 포함하는), 학교, 군대, 병원, 경찰, 감옥이라는 근대의 규율 훈련적 조직 속에서 균질적으로 경제적 효율성을 산출하고 국민을 요람에서 무덤까지 육성하고 관리하며 배제하여 에워싸는 장치를 전면적으로 이용하여, 국민 국가의 경제를 상승시켜 가는 노선—을 일본에서 실현한 결과 성공했음을 말해 주는 것에 지나지 않는다.

더욱이 라이샤워는 미국의 흉내와 모방에 성공한 일본을 아시아의 '근대화' 모델로 평가했던 것이며, 그것 자체가 아시아에서의 신식민주의의 양가성(ambivalence)을 상징적으로 표상하는 것이다. 그것은 일본이 미국화한 것만이 아니라 미국이 일본화한 귀결이다. 그러니까 베트남전쟁기의 '케네디-라이샤워 노선'과 '존슨-라이샤워 노선'은 미국과 일본을 놀라울 정도로 유사한, 거울에 비친 쌍생아라고도 할 만한 국가 형태로 놓고 있었던 것이다. 그러나 실제적인 역사적 경위 속에 구속되어 있었던 기분·감정의 측면에서 말하면, 미국은 베트남전쟁으로부터 빠져나갈 수 없는 상황으로 들어갔고, 역으로 일본에서는 베트남전쟁 특수로 인한 호황을 '이자나기 경기'라는 건국 신화에 겹쳐 놓고 향수하고 있었다. 미국과 일본은 패션이나 하위 문화의 차원에서는 한없이 유사하면서도 전쟁·국가·국민 경제에 의해 규정되는 생활 감각의 차원에서는 전혀 다른 나라였다.

당연한 것이지만 일본이 미국을 능숙하게 흉내 내고 모방할 수 있었다는 라이샤워의 담론은 그 상호 보완적 외관상의 대항 담론으로서, 일본은 미국과 결정적으로 다르다는 일본 특수성론이나 일본인론, 일본 문화론을 낳게 된다. 그것은 미국에서는 일본에 대한 멸시의 감정을 떠받치는 것으로서 거품 경제기의 '저팬 배싱'(Japan-bashing)론[42]으로, 일본에서는 '노(No)!'라고 말할 수 있는 일본'적인 경제 내셔널리즘으로 계승되어 간다.

---

42) 무역 흑자를 계속하는 일본을 집중적으로 비판하고 공격하는 일로서의 일본 때리기—옮긴이.

이러한 미국 대 일본, 일본 대 미국이라는 근친 증오적 이항 대립주의는 항상 아시아의 여러 지역을 제3항으로서 계속해서 배제하는 것이다. 동시에 라이샤워의 '근대화'론은 일본의 '고도 경제 성장'을 아시아 여러 지역의 '발전'과 '진보'의 모델로 삼아 '개발형 군사 독재 국가'로 밀어붙였다. 그리하여 한편으로는 전시하 일본의 침략주의는 '근대화'로부터의 특이한 일탈이라고 하면서 경제 대국화의 배후에서 진행되는 군사 대국화에 대한 아시아 여러 나라의 두려움의 화살을 딴 데로 돌렸으며, 다른 한편으로는 그 나라들의 경제가 미국과 일본의 경제에 종속되도록 작용했던 것이다.

그리고 잊어서는 안 되는 것은 라이샤워가 주일 대사로 일했던 기간, 많은 '자유로운 생각을 지닌 사람들', '온건한 생각의 사람들'을 미국으로 초대하는 등 친미 지식인 육성이 장기적으로 수행되었다는 사실이다. 그 범위는 지식인에만 그치지 않고 노동조합이나 시민 운동 관계자에까지 미쳤으며, 일본의 '좌익적 운동'의 거듭되는 분열에 음으로 양으로 이용되었던 것이다.

자신의 문제로서의 '탈식민지화'

'냉전' 구조가 붕괴된 1989년 이후, 패전 후의 일본이 아시아 여러 지역의 탈식민지화 문제를 강 건너의 일로 간주하고, 그것에 구애받지 않은 채 회피해 버릴 수 있는 주된 조건은 일소되었다. 인도차이나전쟁, 한국전쟁, 베트남전쟁, 베트남-캄보디아 전쟁, 중국-베트남전쟁[43] 등 아시아 여러 지

---

43) 베트남 정부는 남부의 사회주의화에 따라 1978년에 화교를 추방했고 중국은 대베트남 원조를 중단했다. 베트남은 경제상호원조회의에 가맹하고 소련 쪽으로의 경사를 강화했으며, 같은 해 11월에는 소련과 우호협력조약을 체결했다. 12월 베트남군은 캄보디아를 침공했으며, 1979년 1월 프놈펜을 공략하여 캄보디아인민공화국을 수립했다. 중국은 2월, 베트남 국경에서 보복 공격을 시작하여 중국과 베트남간의 전쟁으로 발전했는데 이를 중월전쟁(中越戰爭)이라고 한다. 각국은 원조를 중단하여 베트남은 고립되었고, 국내 경제가 피폐하게 된 베트남은 철수를 개시, 1989년 9월 26일 캄보디아로부터 완전 철병했다.―옮긴이.

역에서 제2차 세계대전 후 40년 이상에 걸쳐 지속적으로 일어난 전쟁은 모두 예전에 '대일본제국'이 식민지 지배 내지는 군정 지배를 해왔던 지역에서 발생했다. 그 원인에 대한 상당 부분의 책임이 일본이라는 국가에 있다는 것은 분명하다. 이미 어떤 핑계를 댄다고 해도 책임을 회피하는 합리화를 가져다 줄 수는 없다.

이 책에서 다루어온 일련의 사건과 그 연결 방식을 둘러싼 나의 논의는 역사적 기억을 상기하기 위한 것이 아니다. 2001년 현재에 있어서 어떻게 하여 미래를 향해 책임질 수 있는 방향성을 발견할 수 있을까 하는 것을 둘러싼 지금 여기에서의 판단이며 재정(裁定)인 것이다.

자신의 주변에서 발생하는 '소회전'으로서의 사건을 어떻게 세계적 상황으로서의 '대회전'과 겹쳐서 생각할 수 있을까 하는 소세키의 물음을 실천하기 위해서는, 이미 행해져 온 '소회전'과 '대회전'을 겹치는 담론의 시스템을 일단 파기하고 그 담론들을 꿰뚫고 있던 틀을 다시 짜고 교란시켜 지금 여기에서 제시할 수 있는 형태로 재편성하며 자기 나름의 '소회전'과 '대회전'을 겹치는 수밖에 없다. 아마 담론과 관계된 각자가 그러한 실천을 계속해 나아가는 것이 포스트콜로니얼한 상황을 살아가는 데 있어 소박한 윤리 기준이 될 것이다.

참고 문헌

본문에서의 언급과 중복되는 부분도 있겠지만, 기본적으로 이 책에서의 논의 전개에 입각해 참고 문헌을 들고자 한다.

「머리말」에서 언급한 포스트콜로니얼 비평(비판)의 자각적인 전개에서 가장 중요한 공헌을 한 것은 E.W. 사이드의 『오리엔탈리즘』(Orientalism)일 것이다. 그 속편이라고 할 수 있는 『문화와 제국주의』(Culture and Imperialism)도 아울러 읽기를 권한다. 『오리엔탈리즘』에서 확립한 비판의 논리를 문화 연구(cultural studies)나 텍스트 분석으로서 실천적으로 구사한 작업으로는 『이슬람 보도: 뉴스는 어떻게 만들어지는가』(원제, Coveing Islam: How the Media and the Experts Determine How We See the Rest of the World, 1981)나 『세계·텍스트·비평가』(The World, the Text, and the Critic, 1984) 등이 있다.

사이드가 의거한 미셸 푸코의 담론을 둘러싼 이론에 대해서는 『말과 사물』(Les Mots et les choses, 1966), 『지식의 고고학』(L'Archeologie dusavoir, 1969), 「주체와 권력」(The Subject and Power, 1982) 등을 들 수 있다. 또한 호이(David Couzens Hoy)가 편찬한 『푸코: 비판적 독해』(Foucault: A

Critical Reader, 1986)도 유익할 것이다.

호미 바바의 주요 논문은 *The Location of Culture* (London: Routledge, 1994)에 수록되어 있다. 일본어 번역으로는 「표상과 식민지 텍스트」(大橋洋一·照屋由佳 초역, 『越境する世界文學』, 河出書房新社, 1992, 원저는 1984년)가 있다. 바바의 논리 구조를 이해한 다음에는 J. 라캉의 『에크리』(*Ecrits*) 전 3권(佐々木孝次 외 옮김, 弘文堂, 1972~1981, 원저는 1966년)이 불가결하다.

또한 바바가 흉내와 모방의 전략성에 대해 문제화한 「흉내와 인간: 식민지적 담론의 양가성」(Of Mimicry and Man: The Ambivalence of Colonial Discourse, 1984) 등의 기반이 된 프란츠 파농의 저작으로는 『검은 피부 하얀 가면』(*Peau noire, masques blancs*, 1952), 『이 땅의 저주받은 사람들』(*Les Damnes de la terre*, 1962)이 있다.

'푸코주의'라고도 할 수 있는 사이드의 논의에 데리다를 교착시키며 페미니즘의 측면에서 비판을 전개하고, 젠더·계급·인종 등 복수의 차이 가운데서 포스트콜로니얼한 주체를 파악하는 방법으로 섭얼턴 연구에 개입한 스피박(Gayatri Spivak)에게는 『문화로서의 타자』(文化としての他者, 鈴木聰 등 옮김, 紀伊國屋書店, 1990, 원저는 1987년), 『포스트식민주의의 사상』(ポスト植民地主義の思想, 清水和子 외 옮김, 彩流社, 1992, 원저는 1990년), 「섭얼턴은 말할 수 있는가?」(Can the Subaltern Speak?, 1985)가 있다. 그리고 『현대사상』(現代思想)의 특집 「스피박 — 섭얼턴이란 누구인가?」(スピヴァク— サバルタンは誰か, 1999년 7월호)는 "섭얼턴은 말할 수 없다"라는 발언을 수정하고 있는 최근 스피박의 사상적 동향을 파악하고 있다. 그러나 이 책에서는 포스트콜로니얼 비평과 페미니즘의 깊고도 중요한 관련성에 대해서는 언급할 수가 없었다. 이 문제에 대해서는 다케무라 가즈코(竹村和子, 1954~)의 『페미니즘』(フェミニズム, 岩波書店, 2000)을 참고하면 좋을 것이다.

스피박이 입각하고 있는 데리다의 저작으로는, 최소한 『그라마톨로지에 대하여』(*De la grammatologie*, 1967)와 『에크리튀르와 차이』(*L'ecriture et la difference*, 1967)는 읽었으면 좋겠다.

더욱이 포스트모던 사상과 포스트콜로니얼 비평간의 교착에 대해서는 리오타르(Jean-Francois Lyotard)의 『포스트모던의 조건』(*La Condition postmoderne*, 1979), 라클로우(E. Laclau)와 무페(C. Mouffe)의 『포스트마르크스주의와 정치―근원적 민주주의를 위하여』(원제, *Hegemony and Socialist Strategy*, 1985), H. 포스터(H. Foster) 편 『반미학: 포스트모던 문화론』(*The Anti-Aesthetic: Essays on Postmodern Culture*, 1983) 등이 참고되어야 할 것이다.

「개국 전후의 식민지적 무의식」에서 '조공 외교' 권과 '만국공법' 권의 항쟁에 대한 논의는 『근대 중국의 국제적 계기―조공무역 시스템과 근대 아시아』(近代中國の國際的契機 ―朝貢貿易システムと近代アジア, 東京大出版會, 1990)를 비롯한 하마시타 다케시(濱下武志, 1943~)의 일련의 연구에 의거한 점이 많다. 그 밖에 아라노 야스노리(荒野泰典, 1946~)의 『근세 일본과 동아시아』(近世日本と東アジア, 東京大出版會, 1988), 미조구치 유조(溝口雄三, 1932~)의 『방법으로서의 중국』(方法としての中國, 東京大出版會, 1989), 강좌 국제 정치 제1권인 『국제정치의 이론』(國際政治の理論, 東京大出版會, 1989), 가와카츠 헤이타(川勝平太, 1948~)의 『일본 문명과 근대 서양』(日本文明と近代西洋, NHK Books, 1991), 아사다 쿄지(淺田喬二, 1931~)가 편찬한 『'제국' 일본과 아시아』(帝國 日本とアジア, 吉川弘文館, 1994), 니시카와 나가오(西川長夫)·마츠미야 히데하루(松宮秀治)가 편찬한 『막부 말기·메이지기의 국민국가 형성과 문화변용』(幕末·明治期の國民國家形成と文化

變容, 新曜社, 1995) 등이 있다.

'식민지적 무의식'이라는 중심 개념 중의 하나는 프레드릭 제임슨(Fredric Jameson)의 『정치적 무의식』(*The Political Unconscious: Narrtive as a Socially Symbolic Act,* 1981)에 기초하고 있다.

'근대 천황제' 중에서 '식민지적 무의식'과 '식민주의적 의식'이 모순되면서 병존하는 문제에 대해서는 『천황제 국가의 지배 원리』(天皇制國家の支配原理, 藤田省三, 未來社, 1974), 『근대 천황제의 지배 질서』(近代天皇制の支配秩序, 鈴木正幸, 校倉書房, 1986), 『근대 천황제 국가의 사회 통합』(近代天皇制國家の社會統合, 馬原鐵男·掛谷宰平 편, 文理閣, 1991), 『근대 천황상의 형성』(近代天皇像の形成, 安丸良夫, 岩波書店, 1992) 등이 문제 제기적이다.

'홋카이도'에 관해서는 『아이누 민족의 저항사』(アイヌ民族抵抗史, 新谷行, 三一新書, 1977), 『막부 말기 러일관계사 연구』(幕末日露關係史研究, 郡山良光, 國書刊行會, 1980), 『북방 영토 문제를 생각한다』(北方領土問題を考える, 和田春樹, 岩波書店, 1990), 『북쪽 바다의 교역자들 — 아이누 민족의 사회경제사』(北の海の交易者たち — アイヌ民族の社會經濟史, 上村英明, 同文館, 1990), 『근대북방사 — 아이누 민족과 여성』(近代北方史—アイヌ民族と女性と, 海保洋子, 三一書房, 1992) 등이 있다.

반도의 문제 영역에 대해서는 『일본 통치하 조선의 종교와 정치』(日本統治下朝鮮の宗敎と政治, 姜渭作, 澤正彦·轟勇一 옮김, 聖文社, 1976), 『일본의 조선 지배정책 연구 ─1920년대를 중심으로』(日本の朝鮮支配政策史研究, 姜東鎭, 東京大出版會, 1979), 『조선 민중과 '황민화' 정책』(朝鮮民衆と'皇民化 政策, 宮田節子, 未來社, 1985), 『조선근세사』(朝鮮近世史, 姜在彦, 平凡社ライブラリー, 1988), 『근대 일본의 조선 인식』(近代日本の朝鮮認識, 中塚明, 硏文出版, 1993), 『민족 환상의 차질—일본인의 자기상』(民族幻想の蹉跌—日本人の自己像, 尹健次, 岩波書店, 1994) 등이 있다.

'류큐', '오키나와'에 대해서는 『이족과 천황의 국가』(異族と天皇の國家, 新川明, 二月社, 1973), 『류큐 처분 이후』(琉球處分以後, 상·하, 新川明, 朝日新聞社, 1981), 『류큐 처분론』(琉球處分論, 金城正篤, 沖繩タインス, 1978), 『메이지 국가와 오키나와』(明治國家と沖繩, 我部政男, 三一書房, 1979), 『자유민권사상과 오키나와』(自由民權思想と沖繩, 比屋根照夫, 硏文出版, 1982)를 참조했으면 한다. 특히 『근대 일본 사회와 '오키나와인' — '일본인'이 된다는 것』(近代日本社會と '沖繩人'— '日本人'になるということ, 富山一郎, 日本經濟評論社, 1990)은 식민주의에서의 자기상의 형성을 둘러싼 복합적인 차별의 구조를 예리하게 분석하고 있다.

타이완을 둘러싼 문제는 『일본 통치하의 타이완 — 탄압과 저항』(日本統治下の臺灣 — 彈壓と抵抗, 許世楷, 東京大出版會, 1972), 『타이완 항일운동사 연구』(臺灣抗日運動史硏究, 若林正丈, 硏文出版, 1983), 『타이완 분열국가와 민주화』(臺灣分裂國家と民主化, 若林正丈, 東京大出版會, 1992), 『타이완의 일본문학 — 일본 통치 시대의 작가들』(臺灣の日本文學 — 日本統治時代の作家たち, 垂水千惠, 五柳書房, 1995), 『타이완, 포스트콜로니얼의 신체』(臺灣, ポストコロニアルの身體, 丸川哲史, 靑土社, 2000) 등의 저작이 확실히 요점을 파악하고 있다.

「식민지적 무의식에 대한 대항 담론」에서, 나츠메 소세키와 식민주의의 관련성에 대해서는 졸저 『소세키를 다시 읽는다』(漱石を讀み直す, ちくま新書, 1995)와 『세기말의 예언자 나츠메 소세키』(世紀末の豫言者夏目漱石, 講談社 1999)가 있다. 또 『소세키 연구』(漱石硏究, 翰林書房, I-VIII)에서는 매호 소세키와 식민지의 관계에 대해 언급하고 있다. 『문』(門)에 대해서는 상세한 주석 『소세키 문학 전 주석 9문』(漱石文學全註釋9門, 小森陽一·五味渕典嗣·內藤千津子, 若草書房, 2001)이 있다. 관련 문헌으로서는 『안중근과 일한관계사』(安重根と日韓關係史, 市川正明, 原書房, 1979), 『내 마음의 안중근—치바 토시치·합장의 생애』(わが心の安重根 —千葉十七·合掌の生涯, 齋藤泰彦, 五月書房, 1994) 등이 있다. 또한 문학을 둘러싼 포스트콜로니얼 비평에 대해서는 에쉬크로프트(Bill Ash-croft, 1946~)·그리피스(Gareth Griffiths, 1943~)·티핀(Hellen Tiffin)의 『포스트콜로니얼 문학』(*The empire writes back: theory and practice in Post-colonial literatures*, 木村茂雄 옮김, 靑土社, 1988)이 요점을 담고 있다.

「패전 후의 식민지적 무의식」대해서는 지면 관계상 본문의 전개에 입각해 서명만을 적기로 한다. 『일본종전사』(日本終戰史) 전 3권(林茂 외 편, 讀賣新聞社, 1962), 『전후정치 1945~1955』(戰後政治 1945~1955, 상·하, 升味準之輔, 東京大出版會, 1983), 『태평양전쟁』(太平洋戰爭, 家永三郎, 岩波書店, 1986), 『비교정치 III 동아시아와 일본』(比較政治 III 東アジアと日本, 升味準之輔, 東京大出版會, 1993), 『점령비록』(占領秘錄, 住本利男, 中公文庫, 1988), 『일본과 미국 —상대국의 이미지 연구』(日本のアメリカ—相手國のイメージ研究, 加藤秀佳·龜井俊介, 日本學術振興會, 1977), 『대일강화와 냉전—전후 일미관계의 형성』(對日講和と冷戰—戰後日米關係の形成, 五十嵐武士, 東京大出版會, 1986), 『신헌법의 탄생』(新憲法の誕生, 古關彰一, 中公文庫, 1995), 『점령전후사』(占領前後史, 竹前榮治, 岩波書店, 1992), 『한국전쟁—미국의 개입 과정』(朝鮮戰爭—米國の介入過程, 小比木政夫, 中央公論社, 1986), 『미소냉전과 미국의 아시아 정책』(米ソ冷戰とアメリカのアジア政策, 菅莫輝, ミネルヴァ書房, 1992), 『재일외국인—법의 벽, 마음의 틈』(在日外國人—法の壁, 心の溝, 田中宏, 岩波書店, 1995), 『신편 일본의 노동자상』(新編 日本の勞動者像, 熊澤誠, ちくま學藝文庫, 1993), 『일본의 노동사회』(日本の勞動社會, 栗田健, 東京大出版會, 1994), 『전시기 일본의 정신사』(戰時期日本の精神史, 鶴見俊

輔, 岩波書店, 1982), 『전후 계몽과 사회과학의 사상』(戰後啓蒙と社會科學の思想, 杉山光信, 新曜社, 1983), 『전후 일본의 지식인—마루야마 마사오와 그 시대』(戰後日本の知識人—丸山眞男とその時代, 都築勉, 世織書房, 1995), 『다케우치 요시미론』(竹內好論, 菅孝行, 三一書房, 1976), 『전후 정치의 역사와 사상』(戰後政治の歷史と思想, 松下圭一, ちくま學藝文庫, 1994), 더욱이 『전후 일본 점령과 전후 개혁』(戰後日本占領と戰後改革, 전6권, 岩波書店, 1995)은 이 시기의 문제를 생각하는 데 있어 중요한 관점을 제공하고 있다. 또한 『동남아시아사 중의 일본 점령』(東南アジア史の中の日本占領, 倉澤愛子 편, 早稻田大出版部, 2001)과 그 책 말미에 있는 참고 문헌 목록은 표제의 테마를 둘러싸고 필수불가결한 것이다.

이 책에서 다룰 수 없었던 '식민지 제국'의 시대에 대해서는 우선 일본에서의 포스트콜로니얼한 연구 동향을 형성하는 데에 중요한 역할을 한 『식민지 제국 일본의 문화통합』(植民地帝國日本の文化統合, 駒翔武, 岩波書店, 1993)을 들 수 있을 것이다. 그 이전의 것으로는 『일본 식민주의의 정치적 전개 1895~1934년』(日本植民地主義の政治的展開 1895~1934年, 春山明哲·若林正丈 편, アジア政經學會, 1980)가 총체를 파악할 틀을 제시하고 있다. 또 이 책 전체에 걸쳐 이와나미(岩波) 강좌 『근대 일본과 식민지』(近代日本と植民地, 전8권, 岩波書店, 1992~1993)가 중요한 길잡이가 되었다.

후기

 식민지와 식민지 지배의 문제를 내 자신의 문제로 생각하게 된 것은, 대학에서 대학원에 걸친 10년의 세월 동안 홋카이도로 가서 생활하면서였다. 도쿄 출신이라고 말하면 "아아, 내지(內地) 사람이군요"라는 반응을 반복해서 경험하면서, 홋카이도에서 2~3대째 계속해서 살아오고 있는 사람들은 자신을 '외지'(外地) 사람으로 생각하고 있다는 사실을 알게 되었다.
 내가 다니고 있는 대학(홋카이도대학—옮긴이)이 예전에는 '외지'의 제국대학이었고, 그 전신이 '홋카이도'를 개척할 첨병을 육성한 삿포로농학교(札幌農學校)라는 사실은 알고 있었다. 하지만 '홋카이도의 대자연'이라는 캐치프레이즈로 젊은이들을 불러들였던 광대한 목장이나 라벤더 밭과 같은 경관들이 아이누 사람들의 수렵 채집 생활의 장이었던 원시림을 파괴하고 '내지'에서 찾아온 '샤모'(和人)들의 착취와 약탈의 상처라는 사실을 아프게 느끼게 된 것은 상당히 나중의 일이었다. 내가 재학중일 때 홋카이도대학의 중앙 잔디밭에 서 있던 클라크상이 몇 번이나 페인트 세례를 받아 더럽혀진 일이 있었는데, 클라크의 발상이 미국 원주민의 대지를 모조리 빼앗아간, 미합중국의 '프론티어'라는 이름의 식민주의를 대표했기 때문임을 알게 된 것 역시 세월이 지나서였다.

역사학에 뜻을 두고 있었음에도 삐라와 입간판과 선동의 나날에 골몰했던 탓으로 나는 사학과에 진학하지 못하고 제7지망인 국문과로 진학하게 되었다. 그런데, 그런 뒤에도 당시 왕성하던 '민중사 발굴'의 한쪽 구석에 끼여 지내면서 나는 '홋카이도' 개척이 수인(囚人) 노동, 특히 자유 민권 운동으로 인해 수감된 정치범의 노동에 의존한 것이며, 그러한 '전통'이 강제 연행된 한국인들의 '다코베야'[1] 노동에까지 이어졌다는 사실을 알게 되었다. 이런 경험으로 해서 나는 확실하게 자신이 식민지 지배자의 후예라는 사실을 인정하지 않을 수 없게 되었다.

이 책의 집필 의뢰를 받았을 때, "왜 나한테 이런 테마로?"라는 생각부터 들었다. 이 시리즈 편자의 심보가 고약하다는 느낌이 들 정도였다. 사실 나는 『미디어·표상·이데올로기—메이지 30년대의 문화 연구』(小森陽一·紅野謙介·高橋修 편, 小澤書店, 1997)의 전제가 된 연구회에 참가하기 시작한 1990년대 전반기부터, 일본의 식민주의적 담론과 대치하지 않고서는 '일본 근대 문학 연구'의 틀을 바꿀 수는 없다고 느끼고 있었다. 또 '일본근대문학회'에서도 지속적으로 식민지의 문학적 문제를 연구해 온 그룹의 성과가 나타났고, 가와무라 미나토(川村湊)의 일련의 식민지 작가와 그 문학에 대한 연구 작업에 의해 이는 더욱 촉발되기도 했다. 또한 『'동요'의 일본문학』(「ゆらぎ」の日本文學, 日本放送出版協會, 1998)에서는 몇몇 작가의 소설을 식민주의와 관련하여 분석하는 일을 시도하기도 했다.

그러나 『포스트콜로니얼』이라는 제목에 걸맞은 책임을 다할 수 있을까 하는 불안은, 이 책의 집필을 받아들여 이 '후기'를 쓰고 있는 지금까지도 계속되고 있으며 결코 사라진 적이 없다. 그 불안을 해소하기 위해 두 번에 걸쳐 연구회를 열었고 구상을 발표할 기회를 얻은 바 있다. 그때 내 안에 정

---

1) 토목 공사장이나 탄광에서 노무자가 도망치지 못하도록 감금이나 다름없이 지내게 했던 방. 특히 제2차 세계대전 전에 홋카이도와 사할린의 공사 현장이나 탄광 노동자의 합숙소를 일컫는다.—옮긴이.

리되어 있던 것은 일본이 서구 열강과 같은 수준으로 '근대화' 할 수 있었던, 국가적 정책으로서의 '문명 개화'의 과정을 '자기 식민지화'의 과정으로 다시 파악한다는 착상뿐이었다.

이 책을 집필할 각오가 선 것은 일본이라는 나라가 식민주의적인 방향으로 옮겨가기 시작한 시기의 '역사' 자체를 다시 쓴다는 데 생각이 미친 때였다. '역사가'로서의 훈련 같은 것을 전혀 받지 않은 내가 '역사'를 기술한다는 것은 주제넘은 일이긴 하지만, 그렇게 하지 않고서는 일본에서의 식민주의적 의식의 굴절을 밝혀낼 수 없다고 생각한 것이다.

지배를 당하고 억압을 받고 죽임을 당했던 사람들을 대변한다거나 대리인이 되어 말하는 것은 불가능하다. 그렇다면 식민지 지배자의 후예로서 자신의 일을 말할 수밖에 없다. 2000년부터 2001년에 걸쳐 현재를 살고 있는 나라고 하는 인간이, 자신이 귀속한 국가의 과거를 어떻게 판단하고 재정(裁定)하는가 하는 점을 써야 한다는 결론을 얻었다. 그렇게 하기 위해서는 그 자체가 식민주의적인 '문명'과 '야만'의 이항 대립주의를 잠재적으로 담론 내부로 퍼지게 하는 '근대'(modernity)라는 개념의 사용을 거부하지 않으면 안 된다. 내가 대학원생으로서 논문을 쓰기 시작할 무렵, '근대'라는 한자 두 개로 된 말에 ' '나 " "를 붙이고 본인은 전혀 개념 규정을 하지 않은 채 거기에 뭔가 심오한 의미를 부여한 척하는 논문을 많이 보았다. 이 책에서는 그러한 적당주의만은 불식하고 싶었다.

책의 발간이 한참 늦어졌음에도 인내심을 가지고 몇 장씩 되는 육필 원고를 워드 프로세서로 다시 쳐 주며 격려와 조언을 아끼지 않았던 이와나미쇼텐(岩波書店)의 사카모토(坂本政謙) 씨에게 진심으로 감사드린다.

2000년 4월 4일

고모리 요이치

해제
현재로서의 '식민지 이후'

박유하(세종대 일문과 교수)

1

'식민지' 상태로부터 해방된 지 50년이 넘게 지났어도 '식민지'였던 시대의 상처와 흔적은 여전히 아물지 않고 있다. 친일파 명단 공개를 둘러싼 친일파 논쟁, 이미 500회를 넘긴 일본대사관 앞에서의 이른바 수요 시위, 잠시 조용한 듯하지만 여전히 해결되지 않고 있는 독도 소유권 논쟁, 2001년의 일본 교과서 문제를 둘러싼 무성한 목소리들…… 이 모든 것이 한때 그들의 '식민지'였다고 하는 우리의 과거로부터 우리가 아직 자유로워지지 않았음을 말해 주는 상황들이 아닐 수 없다. '식민지' '이후'는, 여전히 '이전'의 상처를 치유하지 못한 채로 우리 앞에 있다. 그리고 그러는 한 '식민지 이후'는 언제까지고 우리에게 '현재'일 수밖에 없다.

이 책은 바로 그러한 상황을 '식민주의'의 주체로서 인식하고 그에 대해 나름대로 '응답'을 시도하려는 책이라 할 수 있다. 말하자면 현대 일본의 대표적 지식인 중 한 사람이, 타국을 '식민지화' 했던 스스로의 과거가 그 땅의 타자들에게는 아직 '과거'가 되지 못하고 있음을 직시하고 그 이유가 바로 '일본' 자신에게 있음을 밝히려 하고 있는 것이다.

그 작업을 위해 이 책의 저자 고모리는 먼저 서구 열강의 제국주의적 침략이 시작되었던 1800년대 중반의 일본, 그리고 그때 시작된 일본 자신의 제국주의가 무참하게 패배한 1945년 이후의 일본을 대상으로 일본이 '근대화'의 길로 접어든 이후 현대에 이르기까지 어떤 식의 '의식'과 '무의식'을 갖고 있었는지를 분석해 보이고 있다. 그리고 그 출발점이 되고 있는 것은 일반적으로 아시아에서 가장 먼저 근대화에 나섰고 성공적으로 문명국으로의 길로 들어섰다고 평가되는 '일본의 근대화'에 대한 의구심이다. 즉 긍정적으로만 평가되어 온 근대화='문명화'라는 것이 실은 서구 열강을 '모방'하려 한 '자기 식민지화'에 지나지 않았고, 그러한 '자기 식민지화'를 은폐하기 위한 시도야말로 바로 홋카이도와 타이완, 류큐, 그리고 조선에 대한 침략을 감행케 한 것이었다고 보고 있는 것이다.

고모리에 의하면 1850년대에서 1860년대는 그때까지 아시아 질서의 중심을 이루던 '조공 외교'가 급격히 '만국공법' 외교로 이행되면서 아시아의 지배 질서가 재편된 시기였다. 그리고 이때의 제국주의적 움직임을 뒷받침한 것은 너무나도 노골적인 경제 욕망이었다. 고모리는 그러한 경제 욕망을 '정당하게' 충족시키기 위해 전면적으로 내세워진 것으로서 휘튼의 '만국공법' 논리를 지목하고 있다.

근대 '국가' 시스템을 갖춘 '문명' 국끼리라면 대등한 관계를 가질 수 있다고 하는 '만국공법' 논리는 불평등 조약을 가능케 하는 무기였으며, 결과적으로 식민지 지배조차 정당화할 수 있도록 해주는 것이었다. 말하자면 이른바 '문명화=근대화'란 '만국공법'이라고 하는 '그들만의' '법'='국제법'이었고, 근대 일본은 그 '만국공법'을 적극적으로 받아들여 내면화했던 것이다. 그 과정을 고모리는 '자기 식민지화'='식민지적 무의식'이라고 부르고 있다.

문제는 열심히 '문명화'하는 일이 실은 '식민지화'하는 일일 수밖에 없는

'식민지적 무의식'을 은폐하기 위해서 일본 스스로가 자신이 '서양'과 똑같은 문명국임을 확인해야 할 필요가 있었다는 것이다. 말하자면 일본에게는 자신과 차이화되는 '야만' 국의 발견이 필요했던 셈이다. 일본은 이웃한 땅 홋카이도에서 먼저 그러한 '야만'을 발견하고 그 땅에 사는 이들을 '토인'이라 부르기 시작했다. 이후 청일전쟁과 러일전쟁을 통해 식민지화한 타이완과 조선에서도 '야만'의 발견은 이어졌다. 그들의 '야만' 국성은 '문명' 국인 일본이 그들을 동화시키거나 배제시킬 수 있는 이유이기도 했다. 이러한 숨은 의식을 고모리는 '식민주의적 의식'이라 말한다.

고모리의 근대 분석에서 또 하나의 축을 이루는 패전 후의 일본에 관해서는 이른바 '전후 민주주의'에 대한 비판과 함께 본격적인 '천황제 비판'이 시도되고 있다. 고모리에 의하면 전쟁을 앞두고 민간인들이 강경론을 펼친 것은 다름 아닌 '천황'이 그들에게 힘을 실어주었기에 가능한 것이었다. 메이지(明治) 천황 이전의 고메이(孝明) 천황은 불평등 조약을 윤허하지 않았고, 그런 식으로 '외세에 꿋꿋한 천황'이야말로 근대 천황제를 가능케 만든 것이었다. 근대 일본 국민에게는 '천황의 자식'=황민(皇民)이 되는 일이 요구되었는데 그러한 국가의 요구에 그들이 응했던 것은 '황민'이 되는 일이 그때까지의 비천한 '민'(民, 백성)에서 '신민'(臣民)으로의 신분 상승을 약속하는 일이었기 때문이었다.

제국주의 전쟁으로의 광신적 동원을 가능하게 한 배경에는 이렇게 개개인들의 자기 상승 욕구가 있었다. 그 사실은 근대 이후의 '국민'화가 어떻게 가능했는가를 보여준다. (전쟁 등 폭력에의) 동원은 단순히 외부로부터의 강요로만 이루어지는 것은 아니다. 거기에는 언제고 그것을 뒷받침하는 '개인'의 욕망이 존재한다. '국가를 위한' 담론으로만 보이는 내셔널리즘의 저변에는 실은 그 공동체에 속하는 구성원으로서의 '개인'의 지극히 사적인 욕망이 존재하는 만큼, 일본의 경우를 구체적으로 말해 주는 고모리의 지적은 중요한 것이 아닐 수 없다.

고모리는 또한 전후 천황제와, 전쟁을 하지 못하도록 규정한 헌법 9조, 그리고 오키나와 요새화의 저변에는 공산주의에 대한 두려움이 있었다고 말한다. 미국은 공산주의에 대항하기 위해 아시아에 군사적 거점을 만들 필요가 있었고, 공산주의가 천황제에 대한 비판 세력으로서 기능했던 만큼 천황은 자신의 정치 기반 확립을 위해 미국에 오키나와를 바쳤다는 것이다. 결국 전후 일본이란 '미·일 담합 상징 천황제 민주주의' 시스템의 출발이었다는 것이 고모리의 생각이다.

패전 후에도 권력을 유지하려 했던 조선총독부의 욕망이 반공주의적인 미 군정과 한국 좌익의 대립을 야기했으며 결국 그것이 한국 분단으로 이어졌다고도 말하는 데서 우리는 고모리의 의도를 명확히 읽어낼 수 있을 것이다. 결국 '전후 일본'–'전후 천황제'란 천황의 전쟁 책임을 면죄했다는 사실 없이는 성립 불가능한 것이었으며, 식민지 지배의 가해 책임에 면죄부를 준 것은 바로 그러한 모순적 상황이었다고 그는 말하고 있는 것이다.

2

일본 근대의 정치적/경제적 욕망을 '식민지적 무의식'과 '식민주의적 의식'으로 나누어 설명하는 고모리의 분석은 식민주의 국가 일본의 단순치 않은 양상을 보여준다. 그러나 아시아에 대해서는 식민주의적이었지만 서양에 대해서는 그 자신 이미 충분히 식민지적 양상을 띠고 있었다는 고모리의 지적은 물론, 그 자신 식민지가 되지 않기 위해서 서양 열강의 침략을 막다보니 아시아를 지배하게 되었다는 일본 우익의 논리와는 구별되어야 할 것이다. 고모리의 의도는 문명국이면 이웃을 지배할 수도 있다는 식의 문명지상론에 대한 이의 제기, 그리고 근대 일본이 문명국의 얼굴을 하고 이웃을 침략했지만 실상 그 문명이란 서양의 기준에 열심히 자신을 맞추려 한 결과의 표면적 양상에 지나지 않았고 결과적으로 그것은 자발적인 자기 식민지화 이외의 아무것도 아니었다는 사실의 지적에 있다. 다시 말하면 아시아에 대해서는 식민주의의 주체였지만 서양에 대해서는 또 다른 식민주의의 피주체로서 정신적으로 식민지화할 수밖에 없었던 근대 일본을 고모리는 자조적으로 비판하고 있는 것이다. 그리고 그 자조적 비판은 바로 아시아를 식민지화했다는 사실에 대한 비판에 그 연원을 두고 있다. 그런 의미에서 이 책은 한때 '식민주의'에 가담했던 국가에 속하는 한 지식인에 의한, 식민주의 국가의 자기 분석이기도 하다.

이러한 사실들을 고모리가 힘주어 말하는 이유는 앞서 말한 것처럼 바로 그러한 사실들이야말로 현대 일본으로 하여금 가해 의식을 잊도록 만든 것이며, 그러한 사실을 보지 않는 일은 식민지 지배에 대해 면죄부를 주는 일이고, 바로 그것이 언제까지고 진정한 탈식민지화를 방해하고 있다고 생각하기 때문이다.

1990년대에 들어와 드러난 위안부에 의한 문제 제기는 스피박의 표현에 따른다면 섭얼턴— '가장 차별받은 자'들의 '목소리'였다. 그러나 일본의 우익들은 그 '목소리'를 들으려 하지 않고 오히려 일본의 근대를 영광스러운 것으로 간주함으로써 피해자들에게 또 다른 상처를 입혔다. 고모리의 시도는 그러한 우익들에 대한 분노에서 출발하고 있다고 할 수 있으며, 일반 일본인들을 향해 가해자로서의 일본을 보여주면서 피해자 신화를 버리라고 말하는 것도 그러한 1990년대적 상황과 결코 무관하지 않다.

'고모리 요이치'라는 이름이 일본 근대 문학계에 각인된 것은 1980년대 중반의 이른바 '마음' 논쟁 때였다. 그는 일본 근대의 대표적 문호로 꼽히는 나츠메 소세키의 작품『마음』에 대한 기존 해석을 뒤집는 논문으로 근대 문학계의 보수적 독해에 도전했고 그 당시 근대 문학계의 제일인자였던 미

요시 유키오가 이 젊은 연구자의 논문을 비판하면서 『마음』 논쟁은 시작되었다. 기존의 해석이 '메이지(明治)의 정신'에 순사한 주인공의 죽음을 긍정적으로 다루던 것에 대해, 고모리는 그러한 해석은 '국가' 이데올로기를 강화시키는 해석에 지나지 않으며 작품은 오히려 그러한 죽음을 상대화하고 있다고 주장했다. 고모리의 도발적인 문제 제기에 자극받은 연구자들은 앞다투어 『마음』에 대해 논하기 시작했고, 이후 『마음』론은 근대 일본 문학 중에서도 가장 많은 논문 수를 차지하는 작품이 되었다.

고모리가 제2장에서 근대 문학의 문호로 칭해지는 나츠메 소세키의 작품들에 대해 언급하는 것은 그러한 그 자신의 연구자로서의 배경과도 무관하지 않겠지만, 그보다는 나츠메 소세키가 바로 그 메이지 시대의 한가운데를 살면서 그러한 시대적 상황을 민감하게 포착하던 대표적 인물이기 때문이라 해야 할 것이다. 그러나 고모리의 나츠메 해석은 유감스럽게도 나츠메 자신의 것이라기보다는 오히려 고모리 자신의 문제 의식이 대입된 것이라 해야 할 것 같다. 예컨대 『문』에서 여주인공 오요네가 정치적 상황에 대해 '왜'를 묻는 것은 상황에 대한 의구심이라기보다는 (이미 남성들은 숙지하고 있어 침묵하는 사항에 대해 거론하는) '여성'으로서의 무지가 강조되고 있는 것으로 볼 수 있다. 소세키의 여주인공들은 대체로 사회적 관심을 가진 적이 없었고, 작가 소세키 또한 '일본'이라는 공동체의 침략적 향방에 의구심을 가진 적이 없었다. 소세키는 러일전쟁에서의 승리를 어디까지나 한 사람의 일본 '국민'으로서 기뻐했고, 당연한 일이지만 한일 합방에 대해서도 결코 의구심을 표명한 적이 없었다.

그러나 과거를 대표하는 문호에게서 시대에 대한 비판을 찾아내는 일로 절망적인 근대 일본의 상황 속에서 희망을 발견하려 하는 고모리의 시도에 부응하는 가능성을 소세키가 보여주지 못한다고 하더라도 그 사실이 크게 중요한 것은 아닐 터이다. 중요한 것은 현대 일본의 대표적 지식인 중 한 사람이 그러한 작업을 통해서 식민주의에 대항하는 담론을 만들어내려 하고 있다는 점이며, 그러한 작업이 현대 일본을 과거의 일본과는 다른 것으로 만들고 있다는 점일 것이다.

또한 고모리가 소세키를 평가하는 일이 문학(연구) 자체의 특권적 위치를 인정하고 있는 것으로 받아들여져서도 안 될 것이다. 그는 오히려 1980년대 이후 일본 근대 문학계에서 가장 앞장서 작가의 권위를 해체하는 텍스트론을 주창한 연구자였고, '문학' 연구가 정치나 역사와 관계없는 것처럼 보이지만 문학이 모든 다른 분야와 마찬가지로 시대의 정치적 권력 관계 속에 존재한다는 것을 누구보다도 활발하고 뛰어난 연구로 입증했다. 근대 문학도 근대 일본어도 천황제와 내셔널리즘을 뒷받침했다고 생각하는 고모리는 바로 그렇기 때문에 '일본'의 '근대'의 '문학' 전공자들이 그 비판에 앞장서야 한다고 주장하고 있기도 하다.

물론 그것은 그가 '일본'이라는 자신들의 존립 기반 자체를 해체하는 것처럼 문학도 해체되어야 할 것이라고 생각하기 때문이며, 따라서 그러한 작업은 근대 문학 연구자의 일인자적 위치에 안주하지 않으려는 자세의 표명이었다. 그에게 있어 글쓰기는 그런 식의 불안정한 위치를 자각적으로 만들어 나아가는 작업이었다. '상황'에 자각적인 그의 문학 비판이 늘 정치적 '실천'일 수 있는 이유는 바로 거기에 있었다. 그리고 어쩌면 문학 연구자 고모리 요이치가 역사서를 쓰게 된 필연성도 거기에 있다 해야 할 것이다.

타대학 출신이면서 도쿄대학에 임용된, 몇 안 되는 파격적 인사의 주인공이었던 그는 현재 도쿄대학 내에서도 카리스마성이 가장 강한 교수 중 한 사람으로서 '실천'하는 아카데미즘의 대표 인사로 간주되고 있다. 그리고 2001년, 그는 교과서 문제에 가장 앞장서서 우익과 싸운 비판적 지식인 중 누구보다도 눈에 띄는 존재였다. 교과서 채택을 둘러싼 우익과의 싸움의 필요성을 교사들과 시민들에게 호소하기 위해 고모리는 전국 각지를 돌아다니며 순회 강연을 했고, 그 결과 우익으로부터의 신변적 위협에 시달리기도 했다. 그러한 어려운 상황 속에서도 고모리가 천황제와 식민주의와 우익의 논리를 비판하는 작업을 계속하고 있는 것은 본인 자신이 말하는 것처럼 과거가 되지 않고 있는 '포스트콜로니얼한 상황'에 대해 '응답'=책임을 지겠다는 결의의 표명이기도 하다.

그런 의미에서 고모리의 근대 일본 분석은 1990년대 이후 한국에서 발생한 '목소리'에 대한 '응답'이면서 동시에 가장 차별받는 이들이 어떻게 자신의 목소리를 낼 수 있는가 하는 스피박의 의문 제기에 대한 '응답'이기도 하다. 다시 말하면 '어떻게 하면' 목소리를 제대로 들을 수 있을지에 대한, '일본'에 귀속된 한 지식인으로서의 숙고 끝의 잠정적 해답인 것이다.

3

분명 고모리가 말하는 것처럼 근대는 '모방'의 역사였다. 예컨대 일본을 우리는 '질서' 있는 국민이라고 하지만 그 '질서'는 실은 '서양'의 것이었다. 메이지 초기의 일본인들이 아직 근대적 질서에 길들여지지 않은 상태였다는 것은 많은 자료가 증명하고 있다. 야만적이고 방종적인 '자연'인=전근대인의 모습은 근대 초기까지만 해도 쉽게 볼 수 있는 일본인의 모습이었다. 그랬던 그들이 생활 속에 '질서'를 도입한 것은 문명국=근대화의 길로 가기 위해서는 서양적 '질서'가 필요하다고 생각했기 때문이었다. 문명국으로서 필수 조건이었던 '청결' 역시 근대 이후의 관념이어서 근대 일본의 계몽가들은 국민에게 "곡식은 익혀 먹고 옷은 꼭 빨아 입으라"고 가르쳤다. 이후 수십 년, 일본은 근대 위생학을 수입해서 병사들의 위생 관리를 철저히 함으로써 러일전쟁을 승리로 이끌기도 했다.

비극적인 것은 '문명화'된 '일본'을 모방하는 길만이 '조선'의 살 길이라고 생각했던, 식민지 지식인들의 모방이었다. 훗날 '친일' 혹은 '잔재'라 불리게 되는 모든 현상은 바로 그러한 자발적이거나 타의적인 '모방'에서 시작되고 있다 해도 무방하다.

예컨대 이광수는 일본인에게서 무엇보다도 먼저 '질서'를 보았고, 그러한 '질서'를 내면화하는 길만이 '조선'이 가야 할 길이라고 생각했다. 일본이 했던 '모방'으로부터 조선도 결코 자유로울 수는 없었던 것이다. 결코 동화할 수 없음에도 불구하고 모방하지 않으면 안 되는 타자—그것이 문명=근대로서의 일본이었다. 말하자면 식민지인(人) 이광수에게도 '문명'은 '근대' 그 자체로서 기능했다. 그것은 그에게 세계를 인식하는 기준점이었다. 그런 의미에서 우리는 이중적인 '자기 식민지화'를 해왔던 셈이다.

일본의 타자에 대한 가해성이 서양에 대한 '식민지적 의식'=모방으로부터 온 것이었다고 한다면, 일본을 모방한 한국이 그러한 가해성으로부터 자유로울 수는 없다. 그러나 어디로? 바깥으로 가지 못했던 식민주의=차별과 착취로 귀결되는 지배 의식은 우리 내부에 남을 수밖에 없었던 것은 아닌가? 그럼에도 불구하고 우리 안의 '식민주의'는 은폐되고 있는 것은 아닌가?

예컨대 조선의 여성들을 위안부로 모집하는 데 앞장섰던 모집책들, 어떤 동네에 위안부로 나갈 만한 처녀들이 있는지 정보를 제공했던 마을 정보통으로서의 여성들, 일본 군인들과 함께 조선의 처녀들을 범했던 조선의 군인들, 위안소를 경영한 조선인 포주들, 결혼하거나 학교로 피신함으로써 '정숙'한 여성의 자리를 지킬 수 있었던 유산 계층 여성들…… 이 모두가 그녀들을 위안부로 만든 '책임'으로부터 자유로울 수는 없다. 또한 해방 후 50년 동안이나 그녀들을 '침묵'게 한 구조를 만드는 데 가담했던 우리 자신 역시 그 '책임'으로부터 자유로울 수 없다.

그러나 우리는 비록 소수지만 일본군 병사의 고백과 참회를 들은 적은 있어도 조선의 딸들을 앞장서서 위안부로 팔아넘겼던 조선인의 고백을 들은 적은 아직 없다. 그들의 침묵은, 일본에서 '전범' 처벌에 의해 '일반 일본인'들이 면책되고 그 결과로 현대의 '일반 일본인'들이 가해 의식을 갖지 않게 된 것과 마찬가지로 우리 자신의 책임을 은폐한다.

그것은 친일 '명단'을 만드는 일—누군가를 '지목'하고 규탄하는 일이 나머지 모두를 그 죄과와 무관한 것으로 상상케 하는 일이기도 한 것과 마찬가지다. 타자에게 스티그마를 각인하는 일은 신사에 참배하는 조용한 일상을 적극적으로 영위했거나 어린 처녀들을 위안부로 팔았던 우리 자신을, 혹은 그녀들을 지키지 못했던 국가의 책임을 면죄한다.

피해자로서의 '조선 민족' 속에도 실은 무수한 계층이 존재했고, 그 속에는 또 다른 지배와 착취와 억압이 있었다. 그러나 '일본'에 대한 규탄은 '한국'이라는 이름 전체를 피해자로 만들어 그러한 우리 내부의 수많은 층위의 존재를 은폐한다. 그 은폐에 눈감은 채 '친일파' 혹은 '일본'이라는 고유명을 지목/규탄하는 일은 우리 자신의 추한 부분에 또다시 눈감게 만든다. 가해자와 피해자, 혹은 제국주의와 민족주의, 저항파와 친일파의 일률적인 이분법에 매달리는 한 우리 자신의 가해성과 친일성=제국주의 협력성은 언제까지고 은폐된 채로 남아 있을 뿐이다.

교과서에 저항 시인의 시가 게재되는 것은 '저항적' 민중에 대한 상상력을 가동시키기 위해서이지만 친일시에 대해 함께 생각하는 일은 친일=반민족 행위와 친일적 민족주의의 모순된 관련을 보여줄 수 있다. 그리고 그들을 그렇게 만든 것이 '근대' 혹은 문명 지상주의임을 봄으로써 합리주의=문명 지상주의의 문제점에 대해 생각하게 해줄 수도 있다. 또한 누군가에 대한 '규탄'이 필요하다면 그것이 '청산' 의식과 함께 과거 속으로 파묻기 위해서가 아니라 문제를 '정시'하기 위한 첫걸음으로서여야 한다는 것을 생각하게 해줄 수도 있다.

'친일파' 문제 혹은 일제 시대 문제에 '청산'은 없다. 설령 지목된 이들을 목소리를 합해 규탄하고 국민 재판에 걸어 '처단'한다고 하더라도 그곳에 '새로운' 시대가 도래하리라 생각하는 것은 공상에 불과하다. 그곳에서 우리는 '청산'해야 할 또 다른 모순을 발견하게 될 것이다. 우리의 '식민지'였음이 영원히 '청산'될 수 없는 '역사'인 것처럼 우리의 '식민지 이후'는 언제까지나 '현재'일 수밖에 없다.

또한 보다 잘 살고자 하는 '부강한 나라'에 대한 근대 일본의 욕구는 해외 시장 개척을 꿈꾸는 오늘날의 우리 자신의 욕구와도 크게 멀지 않다. 고모리는 현대의 식민주의적인 움직임을 비판하지만, 현대 한국의 중국 동포와 외국인 노동자에 대한 착취 역시 고모리가 말하는 '신식민주의적인 착취와 수탈' 이외의 아무것도 아니다.

'민족적' 사건으로서의 식민주의에 대해 묻는다면 이제 '성적'·'계층적'·'연령적'·'지역적' 식민주의도 함께 물어야 한다. 그리고 그때 필요한 것은 도덕적 규탄이나 '청산'에의 강박 관념이 아니라 누구나가 어디에선가 타자에 대한 식민지화(지배)에 가담하고 있다는 데 대한 서글픈 자각과 그 과정에 대한 윤리적 물음이다. 그리고 그 물음의 과정이, 영원히 끝날 수 없는 '현재'일 수밖에 없음에 대한 이해이다.

이제 우리 안의 식민주의를 보는 일이 필요하다. 그것은 물론 동시에 일본의 혹은 그 밖의 국가의 식민주의를 보는 일이기도 하다. 고모리에게 있어 '포스트-이후'가 포스트가 아니라 현재 진행형이고 그의 글쓰기가 끝나지 않은 '식민지' 현상을 둘러싼 윤리적 물음이라면, 그 물음에 대한 또 다른 '응답'만이 '포스트-탈 식민지화로의 길을 열 수 있을 것이다. 그들 자신의 과거와 현재의 추한 욕망=타자에 대한 차별과 착취를 꿈꾸는 식민주의를 먼저 드러내 보여준 현대 일본의 한 지식인에 대한 우리의 '응답'은 거기에서만 가능할 수 있다.

옮긴이 말

이 책은 이와나미쇼텐(岩波書店)에서 기획한 '사고의 프런티어'(思考のフロンティア) 시리즈 중의 한 권으로 출판된 고모리 요이치(小林陽一)의 『ポストコロニアル』(2001)을 완역한 것입니다.

고모리 요이치는 현재 일본 근대 문학계에서 가장 주목할 만한 연구자 가운데 한 사람인데, 한국에서 그의 저서가 번역되기는 이번이 처음입니다.―한국에 소개된 그의 글로는 그가 다카하시 데츠야(高橋哲哉)와 함께 엮은 『내셔널 히스토리를 넘어서』(이규수 옮김, 삼인, 2000)에 실린 「문학으로서의 역사, 역사로서의 문학」이 있습니다.―그래서인지 한국의 지식 시장에는 그다지 알려져 있지 않은 형편입니다. 하지만 그는 그동안 여러 차례 한국을 오가면서 발표와 강연을 해왔고 또 한국의 연구자들과도 교류를 넓혀가고 있는 몇 안 되는 학자 중 한 사람입니다. 또한 그는 '새 역사 교과서를 만드는 모임'(新しい歷史敎科書をつくる會)에서 만든 후쇼샤(扶桑社)판 역사·공민(公民) 교과서의 검정 문제를 둘러싸고 일본의 우익들과 정력적으로 싸워온 대표적인 인물이기도 합니다. 그가 한국어판 서문에서 말한 대로 이 책 역시 일본의 네오내셔널리즘과의 싸움 속에서 나온 것입니다. 그 과정에서 그는 거의 매주 지방으로 돌아다니며 후쇼샤판 교과서를 채택하지

않도록 하기 위한 강연 활동을 했다고 합니다.

저자가 머리말에서 밝힌 대로, 이 책은 좌익과 우익을 막론하고 그동안 '문명'으로서의 '근대'화 과정으로서 긍정적으로 말해져 온 막부 말기부터 청일전쟁까지의 역사 그리고 전후(戰後) 민주주의의 과정을 식민지적 무의식과 식민주의적 의식의 모순 속에서 다시 파악한 것입니다. 아울러 나츠메 소세키의 텍스트를, 정전으로서가 아니라 메이지 시대 일본의 식민지적 담론 안에 위치하면서 그것을 교란시키는 문학적 담론으로 읽어내며 그것을 역사적 서술에 개입시킨 부분을 덧붙이고 있습니다. 따라서 이 번역본의 부제를 '식민지적 무의식과 식민주의적 의식'이라고 붙였습니다.

이 책에서 고모리 요이치는 대중적으로 유포된 역사상의 사건에 대한 인식을 포스트콜로니얼한 관점에서 바꾸지 않으면 안 된다는 생각에서 직접 역사를 다뤘다고 합니다. 그것은 한마디로 말해 일본의 근대화 과정을 '자기 식민지화'의 과정으로 파악하여 그 식민주의적 역사를 다시 쓰는 일이었습니다. 그런데 그의 전공이 일본 근대 문학이라는 점에서 보면 이러한 종류의 역사 서술은 언뜻 생소해 보이기도 합니다. 그러나 나츠메 소세키의 작품을 분석한 부분이나 그동안에 발표한 저서들의 기저에 흐르는 문제 의식을 눈여겨본 사람이라면 그 작업들 사이에서 연속성을 발견하기란 어렵지 않을 것입니다. 또한 나츠메 소세키의 『갱부』(坑夫)를 세밀하게 분석한 『사건으로서의 읽기』(出來事としての讀むこと), 근대의 일본어와 일본 근대 문학과의 관련 양상을 밝히고 있는 『일본어의 근대』(日本語の近代) 등 그의 다른 저서들을 접하게 된다면 그 생소함은 곧 필연성으로 바뀔 것입니다. 그러므로 위의 책들도 꼭 소개되었으면 하는 것이 저의 바람입니다.

이 책을 번역 출판하는 데 있어 배려를 아끼지 않으신 저자 고모리 요이치 선생님과 '해제'를 써주신 박유하 선생님께 감사드립니다. 특히 박유하 선생님은 자세하고 예리한 '해제'를 써주어 독자의 이해를 돕고 있을 뿐 아니라 이 책을 한층 풍성하게 해주었습니다. 아울러 출판사의 문부식 주간님과 이홍용 편집장님께도 고마운 마음을 전합니다.

2002년 6월 10일

옮긴이 송태욱